안보교육 중 받은 질문과 답변들!

국가안보의 핵심을 말한다

안보교육 중 받은 질문과 답변들!

국가안보의 핵심을 말한다

1판 1쇄 2016년 01월 15일
1판 3쇄 2016년 05월 23일
발행인 정상철 지은이 오덕성
펴낸곳 충남대학교출판문화원 주소 대전광역시 유성구 대학로 99
전화 042-821-6045 홈페이지 http://www.cnupress.co.kr E-mail cnupress@cnu.ac.kr

ISBN 978-89-7599-563-7 93390
정가 15,000원

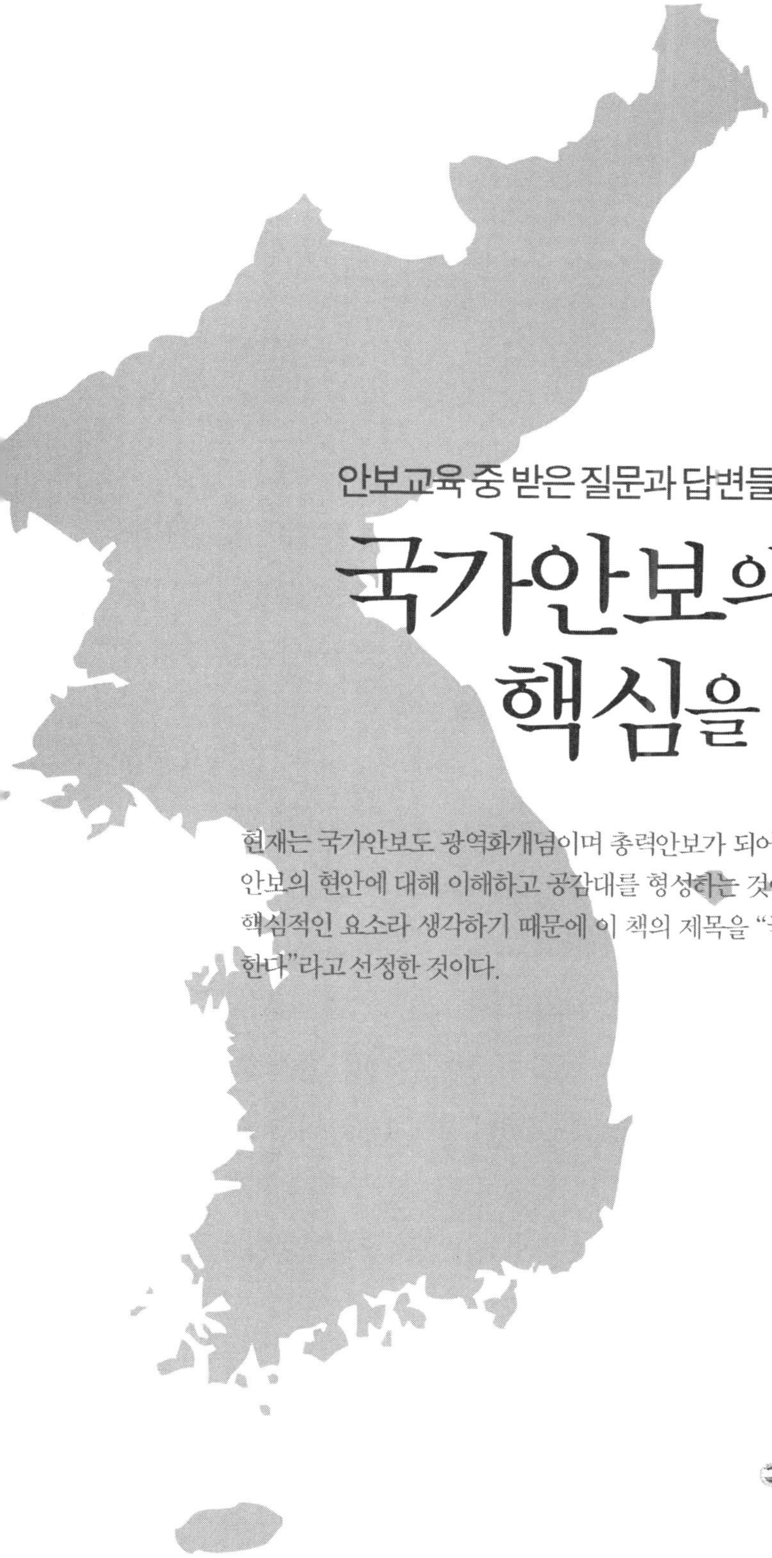

안보교육 중 받은 질문과 답변들!

국가안보의 핵심을 말한다

현재는 국가안보도 광역화개념이며 총력안보가 되어야 한다. 따라서 국가안보의 현안에 대해 이해하고 공감대를 형성하는 것이 무엇보다도 중요한 핵심적인 요소라 생각하기 때문에 이 책의 제목을 "국가안보의 핵심을 말한다"라고 선정한 것이다.

박성규

충남대학교출판문화원

| 추천사(推薦辭) |

본 저서는 우리나라의 군사 및 안보전략 관련 핵심사항을 적시하고 주요 논제에 대한 대답을 명확하게 제시한 글이다. 글의 의미를 한마디로 표현하면 평화를 원하거든 전쟁을 준비하라(si vis pacem para bellum)는 격언이 가장 적합하다고 본다.

이 시대를 살고 있는 우리들의 시대적 사명은 내적으로 민주주의를 공고히 하고 경제적 번영은 물론 자유민주주의를 구현하는 것과 남북한의 평화통일 및 동북아 평화를 구축하는 것이다. 현재 우리나라는 세계 10위권의 경제대국과 세계를 이끌어나가는 명실상부한 G20 국가의 일원으로서 지구촌사회의 리더 역할을 수행하고 있다.

하지만 광복 70년 분단 70년을 맞이하는 우리는 동서간의 이념대립과 분쟁이 끝난 지도 어언 25여년이 지났지만 아직도 남북이 대치하고 있고 냉전의 상처가 그대로 남아있는 형국이다. 문제는 우리사회에 북한의 위협과 분쟁이 지속되고 있다는 점을 간과하고 있는 것이다.

남북이 이념적 분단과 더불어 국토가 양분되어 있고 북한은 주체사상이라는 허구적 사상전을 병행하고 있다. 지금 이 시간에도 북한 정권은 공산사회주의 적화통일을 위한 온갖 도발을 지속하고 있다.

본 저서는 바로 이러한 시점에 심대한 경종을 울리는 글이라고 판단된다. 국민의 생명과 재산을 보호하고 북한의 현실적인 위협에 대한 올바른 인식을 가지는 것은 매우 중요하다. 국가안보 관련 주된 핵심사항을 문답풀이 형식으로 아주 자세하게 설명을 해주는 본 저서는 정책적인 면에서도 그 의미가 대단히 높다고 사료된다.

구체적으로 주요 핵심 이슈들을 정리해 본다면 군사력건설과 국방예산, 북한의 대남도발과 전면전, 북방한계선(NLL), 선제적 자위권과 교전규칙, 북한의 핵과 미사일 위협, 한미동맹과 작전통제권, 한국형미사일방어계획(KAMD)과 킬 체인(Kill-Chain), 국방개혁(2014-30), 통일정책, 북한 주체사상의 허구성, 기타 등으로 전개된다.

내용을 살펴보면 우리나라가 처해있는 현실을 명확하게 기술하고 문제점을 분석하여 대안을 제시하고 있다. 핵심 사안들은 그동안 국가안보전략 수립에 있어서 많은 논의가 있거나 논란이 되고 있는 주제들이다. 본 저서에 제시된 논의를 통해 국민들의 객관적인 역사인식을 가질 수 있는 계기가 되길 바라고 투철한 안보교육의 표본으로 승화되길 바란다.

특히 미래세대에게 있어서 올바른 안보관 확립이 중차대한 사안인데 무엇을 공부하고 어떻게 가르치는 것이 바람직한 방향인지에 대한 해답을 본 저서는 제공한다고 본다. 내용과 구성은 또한 객관적인 역사인식을 바탕으로 안보현실 전체를 인식하고 그 대안을 고찰할 수 있게 정리가 잘 되어 있다.

결론적으로 본 저서는 그동안 피상적인 연구가 아닌 주요 안보문제에 대한 명확한 해답을 가지고 있다. 또한 군사전략의 기조를 제시하는 것뿐만 아니라 국방정책 전반에 걸쳐 그 공헌도가 지대하다고 본다.

이론과 실무를 겸비하고 지덕체를 갖춘 용장으로서 위국헌신 군인본분(爲國獻身 軍人本分)의 사명을 다하고 있는 저자에게 깊은 감사의 말씀을 드린다. 국가적으로 그 어느 때보다 중요한 이 시점에 저자의 시의적절한 연구가 한국의 국가안보전략 수립과 안보태세 확립에 크게 기여하리라 판단된다.

오로지 참군인의 길을 걸어온 저자의 혜안이 국가안보를 염려하는 후학들에게 훌륭한 귀감이 되길 바라마지 않는다. 또한 보다 더 큰 미래를 책임지는 역할을 수행할 수 있는 계기가 되길 바란다. 본 저서는 국가방위태세 확립과 한반도 평화통일에 커다란 기여를 할 것으로 확신한다.

2016년 2월

충남대학교

군사학부장 길병옥

| 머리말 |

필자는 정훈장교가 아니라 보병장교였으며 그것도 작전 특기였다. 그럼에도 불구하고 상급지휘관의 명령에 의해 공산주의를 비롯한 이데올로기와 통일 · 안보 등에 대한 연구를 시작하게 되었고, 1986년도부터는 현재 각 군에서 실시하고 있는 "집중정신교육"의 전신인 "이념무장집체교육"이라는 제도를 창안하여 전군에 전파하고 정착시키는데 기여하기도 하였다.

이것이 계기가 되어 이 분야에 대한 학위를 이수하게 되었고 지금까지 일선 현장에서 기회 있을 때마다 장병 안보교육은 물론 대외적인 안보교육까지도 실시하게 되었다. 벌써 이 분야에 대한 연구와 교육을 시작한지 30여 년의 세월이 지났다. 뒤돌아보니 이 분야에 대한 집념은 열정적이었다.

대대장 시절부터 군사령관 직에 이르기까지 단 한 번도 거르지 않고 부하 장병들에 대한 안보교육을 직접 실시하였으며 교관으로서 임무를 수행해야 하는 정훈장교와 대대장 및 연대장들까지 소집하여 교육과 평가를 하였다.

이러한 노력은 무엇보다도 이 교육의 출발에 동참했고 중요성을 누구보다도 절감하고 있는 입장에서 안일하고 방향성이 미흡한 안보교육의 현실을 묵과할 수 없다는 사명감을 느꼈기 때문이다.

장군이 된 이후부터는 민간인을 대상으로 한 안보교육을 보다 적극적으로 실시하기 시작했다. 특히 천안함 피격이 있은 이후부터는 요청이 오는 대로 거절하지 않았으며 지금까지 약 100여회를 교육하였다.

강의 대상도 CEO과정, 박사 과정, 교육공무원, 대학생, 일반 공무원, 민주평화통일자문회의 관계관 등 다양했다. 이러한 과정에서 날카로운 질문을 많이 받기도 했다. 또한 반복적으로 제기되는 질문도 많이 있었다.

그러던 중 여기서 제기되었던 질문들과 그에 대한 답변(생각)들을 정리하여 모두가 볼 수 있도록 했으면 좋겠다는 생각이 들었다. 그래서 이 책의 발간을 생각했으나 안보교육은 시사성과 적시성이 중요한데 자칫하면 그것을 충족시키지 못한 채 철지난 이야기가 될 수도 있기 때문에 발간을 망설이고 있었다.

그러나 설사 일부는 철지난 이야기가 될 지라도 질문자들의 생각을 모아보는 것도 큰 의미가 있다는 주변 분들의 권유와 또한 국가안보에서 최대의 적은 안보불감증으로써 이것을 해결하기 위해서는 안보와 관련된 제반사항을 정확하게 이해하는 것이 중요하다는 생각에서 다시 펜을 들게 되었으며, 안보교육을 담당하시는 분들과 국가안보에 관심을 갖고 계신 분들에게 조금이라도 도움을 드리고자 출간을 결심하게 되었다.

여기에 수록된 질문들은 대략 2006년도부터 모으기 시작한 것으로(그 이전 것은 시사성을 고려하여 미 제시) 질문에 대한 필자의 답변은 개인적인 생각이다. 국가안보란 광역화개념이며 총력안보가 되어야 한다. 따라서 많은 분들이 국가안보의 현안에 대해 이해하고 공감대를 형성하는 것이 무엇보다도 중요한 핵심적인 요소라 생각하기 때문에 이 책의 제목을 "국가안보의 핵심을 말한다"라고 선정했다. 아무쪼록 이 책이 우리의 안보현실을 이해하고 공감대를 형성하는데 다소라도 기여했으면 하는 바램을 가져본다.

끝으로 어려운 여건 하에서도 본서의 출간에 도움을 주신 충남대학교출판문화원 관계자 여러분께 감사를 드린다. 특히 아주 꼼꼼하게 교정을 맡아주신 길병옥 교수님의 각별하신 정성과 배려에 대해서도 깊은 감사를 드린다. 그리고 바쁜 중에도 서울을 오가며 초안을 정리해준 승필이에게 고마움을 전한다.

2016년 2월

저자 박성규

| 일러두기 |

♤ 여기에 수록된 내용들은 2006년 강의 때부터 제시된 질문과 답변들을 모은 것으로 그 이전 것은 적시성과 시사성을 고려하여 제외시켰다.

♤ 중복되지 않도록 유사한 질문은 가능한 제외시키도록 노력하였다.

♤ 질문내용은 최대한 수정 없이 그대로 옮기려고 노력하였으나 논리성이 미흡한 것은 독자들의 편의를 위해 최소한으로 수정하였다.

♤ 질문에 대한 답변은 일부는 논리성 · 시사성을 고려하여 보완하였으나 대부분 그때 당시 필자 개인의 견해를 그대로 옮기려고 노력하였다.

♤ 질문에 대한 견해가 일부 중복되는 것이 있다. 이것은 질문은 다르지만 다른 질문과 서로 연관성이 있기 때문이다.

♤ 이 책에 인용한 각종 정보와 통계는 질문 시기와는 다르지만 가능한 한 최신 자료를 활용하고자 노력했다.

♤ 군사기밀이 아닌 범위 내에서 견해를 제시하고자 하였다.

♤ 질문자는 개인 신상 등을 고려하여 밝히지 않았다.

| 강의를 다녀온 주요 기관 및 단체('10년 이후) |

♣ 대학교

이화여자대학교(CEO과정), 한남대학교(학부과정), 충남대학교(2회:학부 · 박사과정), 건양대학교(3회:학부과정), 연세대학교 원주캠퍼스(CEO과정), 충주대학교(現. 한국교통대학교 CEO과정), 청주대학교(학부과정), 여주대학교(3회) 등

♣ 관공서

서울특별시 중구청, 충남 논산시청, 강원도 횡성군청, 논산계룡교육지원청, 부여교육지원청 등

♣ 민주평통자문회의

서울특별시 마포구(2회), 영등포구, 동작구, 중구, 강남구, 세종시(2회), 강원도 영서 지역 등

♣ 기타

대전광역시 교장 및 교감 연수, (사)한국강사협회, 성동공고동문회연수, 평강제일교회(2회:여주), 21C관악포럼, SL공사, 강원홍천고등학교, 강원도 全지역 예비군 중대장 안보교육, 강원도 全지역 여성예비군 안보교육 외 다수

※ 군부대는 여기에 포함시키지 않았다.

| 강의(교육) 준비 관련 주요 참고문헌 |

박성규 · 길병옥, 『현대북한의 이해』, 충남대학교출판문화원, 2013. 8.

김진만, 『북한학』, 양서각, 2008. 8.

박세일, 『선진통일전략』, 21세기북스, 2013. 11.

서대숙 · 서주석, 『김일성』, 청계연구소, 1989. 4.

김학준, 『러시아혁명사』, 문학과지성, 1986. 3.

육사, 『북한학』, 황금알, 2006. 3.

『북한총람』, 북한연구소, 1983. 4.

국방부, 『2014 국방백서』, 2014.

길병옥, "북한의 체제변화 논의와 한국의 정책적 대응방안", 『현대사회와 행정』, 제17권 2호, 2007.

길병옥, "미래전 대비 국방개혁 및 국방력 발전방향", 『공군평론』, 116, 2005.

길병옥 · 허태회 "국가 위기관리체계 확립방안 및 프로그램 개발에 관한 연구", 『국제정치논총』, 43, 2003.

김현기, "북한의 핵실험과 한국의 핵정책 발전방향", 『군사저널』, 22, 2006.

법제처 종합법령정보, (http://www.moleg.go.kr 검색일 : 2012년 6월 25일).

이동훈, 『위기관리의 사회학』, 서울 : 집문당, 1999.

이종석 · 이상현, 『국가위기관리지침 작성 개요』, 서울 : 세종연구소.

통일부 통일교육원, 『2015 북한이해』, 서울 : 통일교육원, 2012.

Cha, Victor, The Impossible State : North Korea, Past and Future, New York : Ecco, 2012.

Kil, Byung-ok, Security Policy Dynamics, London : Ashgate, 2001.

| 목차 |

이 책은 질문에 대한 답변을 정리한 것이기 때문에
쉽고 간단하며 그러면서도 비교적 핵심적으로
정리되었다는 것이 특징이다.

01

국방예산, 군사력

1-1

경제력이 전쟁을 방지한다?

남 · 북한 경제력과 국방비를 비교할 때 북한이 전쟁을 일으킬 수 있겠는지? 또한 일으킨다 할지라도 북한이 과연 승리할 수 있다고 생각하는지? 우리가 너무 과도하게 북한 능력을 평가하는 것 같다.

경제력

경제력이 군대의 작전지속 능력을 향상 시켜주고 더 나아가 국가의 전쟁지속능력에 결정적 영향을 미치며 전승의 주요한 요소가 되고 있는 것은 사실이다. 그렇기 때문에 경제력이 곧 전승을 좌우하는 모든 것으로 평가하기도 한다.

전승의 핵심

고구려의 살수대첩 등 우리나라의 오랜 과거역사에서도 쉽게 찾아볼 수 있지만 월남전을 비롯한 지나온 수백년간의 근 · 현대사를 보더라도 힘이 약한 국가의 군대가 강대국의 군대를 굴복시킨 사례가 약 30% 가까이나 되고 전면전이 아닌 경우까지 합치면 60%가 훨씬 넘는다는 기록을 본적이 있다.

이처럼 전쟁은 경제력보다 그 나라 국민들이 갖고 있는 정신력(의지)과 군대의 전략전술에 따라 얼마든지 좌우될 스 있는 것이며 특히 북한의 선제기습 전략은 경제력의 열세를 극복할 수 있는 역할을 하고 있다. 먼저 기습적으로 공격하여 주요 시설과 군부대 등을 파괴하고 단기전으로 전쟁을 끝내는 속전속결로 나온다면 경제력은 큰 힘을 발휘하지 못할 수도 있는 것이다.

담장을 아무리 최신 장애물과 감시 장비로 튼튼하게 경계대책을 강구해 놓을지라도 도둑은 들어오고 결국 뚫리게 된다.

핵심은 경제력을 비롯한 가시적인 것보다 의지, 즉 정신력이다. 더구나 북한이 핵무기를 보유하고 있다면 경제력 비교는 아무런 의미가 없다는 것을 인식해야 한다.

1-2

남 · 북한 군사력비교 결과에 대한 결론이 무엇인가?

남 · 북한 군사력을 비교할 때 흔히 수적으로는 북한이 우세하지만 질적으로는 우리가 우세하다고 이야기하고 있다. 그렇다면 결론적으로 우리가 우세한 것 아닌가?

남 · 북한 군사력 비교

남 · 북한 군사력 비교와 관련된 질문에 정태적 분석을 근거로 "전차 · 야포 · 함정 · 전투기 등을 비교해 볼 때 남 · 북한 군사력은 우리가 북한의 약 80% 수준으로 북한이 우세한 수준이며 우리가 우세한 질적 수준과 정보화 능력 등은 고려하지 않은 것이다."라는 말을 반복하고 있는 것이 사실이다.

그러나 그 답변 속에 북한 군사력의 노후화, 그리고 우리의 질적 우세가 너무 과대하게 포장된 것은 아닌지 살펴봐야 한다.

질적 우세와 선제기습공격

국민 대부분은 '우리가 수적으로는 열세지만 질적으로는 우세하다 그러니 문제될 것이 없다.'는 생각을 갖고 있는 듯하다.

그러나 문제는 문제될 것이 없다는 생각, 즉 걱정할 것이 없다는 위협에 대한 불감증이다. 다시 말해 질적 우세가 자신감으로 연결되는 것은 좋으나 불감증으로 연결되어서는 안된다는 것이다.

왜냐하면 질적 우세는 사실이지만 그 질적 우세가 탁월한 수준의 우세도 아니고 북한군 장비가 낡은 것은 사실이지만 고장률을 보면 우리와 비슷한 수준이며 또한 선제기습공격으로도 질적 열세를 얼마든지 극복할 수 있기 때문이다. 걸프전 시 미군이 구식 탱크 앞에 많은 고전을 겪었던 것을 간과해서는 안된다. 이런 것들이 질적 우세를 너무 앞세워서는 안되는 이유가 되는 것이다.

1-3

국방비 사용은 어떻게 한 것인지?

북한보다 훨씬 많은 국방비를 오래 전부터 투입하고 있는 것으로 알고 있다. 그럼에도 불구하고 왜 아직도 남북한 군사력을 비교할 때 열세를 면치 못하는 것인가?

국방예산 지출

'15년 국방비를 보면 작년도 보다 4.9%증가한 37조 5,000억 원으로 복지예산과 비교 해보면 약 32%에 불과하다. 여기서 중요한 것은 전력투자비가 얼마나 되느냐 하는 것인데 "국방비 전부가 전력트자비, 즉 무기구입 · 생산 · 최신장비 도입 등으로 투입되는 것이 아니고 국방예산의 2/3이상은 경상비로써 의 · 식 · 주, 급여 등의 병력운영과 전력유지비에 충당되고 있으며 전력투자비는 1/3도 안된다는 것이다.

적정 수준의 국방 예산

국방예산은 현존하는 위협뿐만 아니라 장차 예상되는 위협에도 대처할 수 있어야 하며 그러기 위해서는 "국방개혁 기본계획('14~'30)"이 계획대로 추진되어야 하고 이를 위해서는 연평균 7.2% 국방비 증액이 필요한 상황이지만 현실은 그렇지 못한 실정이다.

뿐만 아니라 현재 동북아를 중심으로 미국 · 일본 · 중국의 군비경쟁이 치열한 상황이다. 중국은 2015년 국방예산을 작년보다 10.1% 증가한 8.868억9.800만 위안(약 155조원)으로 책정했으며, 일본은 4조 8.994억엔(약 45조원)을 책정하였다. 국방예산은 지금 당장 대치하고 있는 북한군의 위협도 중요하지만 주변의 안보상황도 고려해야 한다.

1-4

남북한 국방예산을 비교하면?

인터넷을 보면 남 · 북한 경제력의 격차는 수십 배에 달하고 있다. 그런 만큼 국방비도 큰 차이가 날 것으로 생각 된다. 남 · 북한 국방예산을 비교하면 어떻게 되는지?

국방예산 비교

'11년 통계를 보면 남 · 북한 경제력 격차는 37배이고 1인당 GDP는 약 19배정도 차이가 나는 것으로 나와 있으며 국방비는 '13년 기준으로 비교 시 우리가 276억 달러이고, 북한이 58.9억 달러로 북한이 우리의 약 1/5 수준이다. 경제력만큼의 차이가 아니니다.

그리고 주목해야 할 것은 실제 북한의 국방예산은 북한이 발표한 것 보다는 많을 것이라는 것과 우리와는 달리 대부분이 군인들 봉급이나 의식주에 해당하는 경상비가 아니라 최신장비및무기구입 등에 소요되는 전력투자비로 추정된다는 것이다.

1/5수준의 의미

우리와 비교 시 1/5수준이라는 것을 놓고 볼 때 매우 큰 차이처럼 보인다. 그러나 단순히 이러한 수치만 놓고 비교해서는 안된다. 왜냐하면 '12년도를 기준으로 개성공단 북한 근로자의 최저임금 67달러와 우리나라 최저임금 870달러를 비교해볼 때 북한의 50억 달러는 우리나라 650억 달러의 가치가 있기 때문이다.

또한 2013년 "세계군비지출 및 무기이전 보고서"에 따르면 2010년 세계 각국 군사비의 GDP대비율을 보면 북한은 170개 조사대상 국가 중에서 1위로써 국내총생산의 약 1/5(20%)을 투입하여 세계 평균인 2.4~2.9%을 크게 웃도는 가장 높은 수준을 유지하고 있었다. 참고적으로 우리는 2.7% 수준이었다.

1-5

군사력 건설의 우선순위는?

무기도입 또는 개발과 관련하여 보도되는 내용을 보면 미사일, 전투기 등 타격장비에 치중되어 있는 것 같다.
또한 국회에서는 육군 위주가 아닌 3군 균형 발전을 강조하고 있는 것으로 알고 있다. 군사력 건설 우선순위를 어떻게 생각하는지?

군사력 건설의 목적

군사력 건설의 역사를 보면 과거 한때는 지상군 위주로 추진되었던 것이 사실이다. 그러나 현재는 장차전의 전장환경을 고려하여 추진하고 있으며 그 결과 해 · 공군은 북한 전력과 비교시 거의 비슷하거나 일부에서는 앞서고 있는 것으로 알고 있다.

군사력 건설에서 3군 균형 발전도 중요하다. 그러나 군사력 건설은 적과 싸워 이기기 위해 필요한 것이다. 따라서 3군 균형 발전보다는 적과 싸워 이기기 위해 어떻게 싸울 것인가? 즉, 'How To Fight'에 따라 달라져야 한다고 생각한다.

군사력 건설의 우선순위

어떤 측면에서 보느냐에 따라 달라질 수 있겠으나 북한의 '핵 및 미사일 위협'에 대비하여 Kill-Chain과 KAMD를 구축하고 있다. 이 분야와 북한군이 선택할 수 있는 가장 가능성 높은 방책이 '기습공격'이라는 것을 고려할 때 이것을 방지할 수 있도록 조기경보능력을 갖추는 것이 우선적이라 생각된다.

02

대남도발, 전면전

2-1

북한의 반복적인 수사적 위협 의도는?

현 정부(박근혜 정부) 들어 초기와는 달리 수사적 위협을 계속하고 있는 상태이다. 최근에는 대통령 실명까지 거론하면서 비난하고 있는데 이처럼 대남공세를 강화하는 이유가 무엇이라 생각하는지?

북한 의도

현 정부 초기에 보여준 유화적 태도는 남북관계의 근본적인 변화가 아니라 대내외적으로 유리한 전략적 환경을 조성하기 위한 전술적 조치였던 것으로 보인다.

최근 들어 대남위협공세를 강화하고 있는 것은 대내적으로는 결속을 다지고 대외적으로는 남북관계에서의 주도권 장악과 우리의 대북정책 성과를 희석시키며, 대북정책을 전환시키고자 하는 것으로 판단된다.

적 도발 시 조치

북한은 지금까지 그렇게 해온 것처럼 남북관계가 자신들의 의도대로 진행되지 않을 때는 전략적 수준에서 고강도 위협과 도발로 선회하면서 과거 행태를 반복할 가능성이 농후한 상태다.

따라서 수사적 위협에는 의연히 대처하되 도발 시에는 단순히 도발에 대응한다는 소극적인 자세가 아니라 저항의지를 말살시킬 정도로 강력하게 응징한다는 군의 자세와 국민적 공감대 형성이 매우 중요하다.

도발에 대한 대응목적은 재도발을 방지하는 것이다. 따라서 우리의 대응은 이러한 목적을 염두에 두고 실시되어야 재도발의 연결고리를 끊어버릴 수 있는 것이다.

2-2

남북한 전쟁 시 결과 예측은?

만약 남한과 북한이 어떤 국가로부터도 지원 없이 1:1로 전쟁을 하게 된다면 어떻게 될 것으로 보는지? 이길 수 있는지?

한미연합작전

남·북한이 한반도에서 주변국들의 개입 없이 단독전쟁은 가정을 전제로 한 질문이기 때문에 이에 대한 답변은 적절치 않다고 본다. 한반도에서 6·25전쟁과 같은 상황이 재발한다면 한미상호방위조약에 근거를 둔 한미동맹, 즉 미국과 연합작전을 하도록 되어 있다.

그리고 전쟁 재발 시에는 전시 증원되는 미군 병력들을 포함하여 수백만 여명이 수개월에 걸쳐 전투를 하게 되고 또한 양측이 보유하고 있는 가공할 정도의 화력으로 인해 지구상에서 유래를 찾아볼 수 없는 치열하고 처참한 전장이 될 것이다. 이러한 치열한 소모전과 장기전으로 인해 통일은 되겠지만 전후복구소요는 우리의 능력을 초과할 것이며 결과적으로 상처뿐인 영광이 될 수도 있다.

평화유지

한반도에서의 전쟁 재발은 있어서는 안되며 평화를 유지하는 것은 전쟁을 예방하는 것이 최선책이다. 예방은 오로지 힘과 의지에 달려있는 것이다. 적과 싸워 이기겠다는 의지가 없던 월남은 결국 패배하여 보트피플이 되었다. 적보다 절대 우위의 힘을 보유하고 도발 시는 여지없이 타격한다는 의지를 보여 줄 때 남북관계에서 주도권 장악이 가능한 것이다. 주도권이란 적을 내 다음대로 조정하는 것을 말하는 것으로 주도권을 장악했을 때 이 땅에 진정한 평화를 정착 시킬 수 있게 될 것으로 생각한다.

2-3

북한의 도발 가능성은?

올해('14년)에도 UFG를 앞두고 북한은 수사적 위협을 계속하고 있으며 미사일 발사도 병행하고 있는 상태이다. 과연 도발가능성은 있는 것인지?

도발가능성

휴전 이후 지금까지의 사례를 분석해 볼 때 북한은 항상 의도를 갖고 도발해왔으며 그 의도는 정치목적 달성을 위한 것이었다. 즉 북한은 전략적 수준에서 정치목적 달성을 위해 도발을 하나의 수단으로 활용해 왔던 것이다.

따라서 정치목적과 관련한 그들의 작전적 변수(PMESII-PT:정치 · 군사 · 경제 · 사회 · 정보 · 기반시설 · 물리적환경 · 시간)에 따라 언제든지 도발을 감행 할 수 있다는 것을 경계해야 한다.

재도발 방지

우리는 지금까지 적의 도발에 당하기만 했을 뿐 단 한 번도 제대로 된 응징이 없었다. 그렇기 때문에 적의도발이 계속 반복되었던 것이다. 재도발을 방지하는 것은 적극적인 조치, 즉 적 도발 시 적의 도발에 대응한다는 수세적 개념이 아니라 군사행동의 목표(적 저항의지 말살)를 달성한다는 적극적인 개념을 갖고 실천하는 것 밖에는 없다.

이것만이 적의 도발을 차단하는 유일한 방법이며 평화를 유지하는 길이다.

2-4

전면전 가능성?

북한은 4차 핵실험 가능성을 시사했고 최근에는 파주 봉일천 근처에서 북한 것으로 보이는 무인기가 발견되었다.('14. 3. 24.) 청와대까지 촬영했다고 하는데 전면전도 발생할 수 있는 것인지?

전면전 가능성

전면전이라는 것은 제2의 6·25전쟁을 의미하는 것이다. 그러나 북한의 전쟁지속능력, 한·미양국과의 전쟁수행능력의 격차, 우리 국민의 침착한 대응과 결속력 등을 고려할 때 전면전 발생은 쉽지 않을 것이며 만약 발생한다면 북한은 체제 붕괴를 각오해야 할 것이다.

그렇지만 북한 핵의 소형화 및 경량화 등과 같이 실전능력을 강화시킨 상태에서 김정은 정권의 불안정 상태와 경제 및 해외자본투자 등이 악화될 경우 전면전 가능성은 점차 높아질 것으로 보인다.

군대의 존재 이유

전면전의 확률이 단 0.1% 일지라도 철저히 대비해야 한다. 이것이 군대가 존재하는 이유가 된다. 로마의 전략가 베게티우스는 "평화를 원하거든 전쟁에 대비하라. 힘 있는 자만이 자신을 지킬 수 있고 자신을 지키는 자만이 평화를 누릴 수 있다."라고 했으며, 손자병법에서는 "적이 오지 않을 것을 믿지 말고 적이 언제 오더라도 나에게 대비가 되어 있음을 믿으라."라고 했다.

전면전의 가능성 정도가 중요한 것이 아니다. 국가 안보는 항상 최악의 경우를 염두에 두고 대비해야 한다는 점을 기억해야 한다.

03

북방한계선(NLL)

3-1

북방한계선(NLL) 설정 배경은?

북한에서는 NLL의 부당성을 강조하고 있다. 정전협정 당시 군사분계선처럼 합의한 것도 아니고 유엔군사령관이 일방적으로 설정한 것이라고 하는데 북한 측에서 주장하는 것이 맞는 것인지?

정전협정 체결

정전협정 체결 당시('53.7.27)에 해상 군사 분계선에 대해 명시된 합의는 없었다. 단지 쌍방 간 적대행위 및 무력충돌 방지를 위해 육상에서의 군사분계선과 비무장지대만을 설정하였을 뿐이다.

북방한계선(NLL) 설정

정전협정 체결 당시('53.8.30) 지상군과는 달리 북한 해군력은 완전히 무력화된 상태였고 유엔군 측 해군이 북한의 전 해역을 장악하고 있었으며 공군력도 절대 우세한 상황이었다. 그렇기 때문에 해 · 공군에 의해 자칫 정전협정체결의 목적이 붕괴될 수도 있는 상황을 배제할 수 없었다.

따라서 유엔군 사령관이 정전협정 준수 차원에서 우리 해군 및 공군의 초계활동을 한정하기 위해 원산 앞 바다와 신의주 남방해역까지 진출한 해군의 군사력 우세를 포기하고 현재의 NLL선 이남으로 철수시켜 NLL을 준수토록 한 것이다.

합의는 서로 의견이 엇갈리는 상황 하에서 서로 의논하거나 의견일치를 이루는 것으로 해군력을 현재의 NLL 이남으로 철수시키는 것은 당시로써는 의견이 엇갈리는 것도 아니고 일방적인 양보였다는 것을 이해해야 하며 일방적인 양보였기 때문에 합의 필요성을 느끼지 않을 수도 있었을 것이다. 또한 그렇기 때둔에 북한에서도 20여 년간 NLL을 인정하고 준수해 왔던 것이다.

3-2

NLL의 합법성과 영토 침범?

북한이 NLL 무력화 책동을 계속하고 있는 상태다. 이러한 북한의 행동에 대한 부당성이 대외적으로도 공감을 얻어야 하고 그러기 위해서는 NLL의 정당성이라 할까 합법성이 분명해야 한다고 생각한다. 그리고 이번처럼 침범할 때('14. 2. 25.)에는 영토를 침범한 것과 같은 것으로 보아야 하는 것 아닌지?

북방한계선(NLL)의 성격

NLL은 우리 군이 60여 년간 피로써 지켜온 실질적인 해상경계선으로 영토선이나 마찬가지이다. 따라서 NLL을 부정하는 어떠한 도발도 단호하게 대응한다는 것이 군의 기본적인 입장이다.

북방한계선(NLL)의 합법성

뿐만 아니라 법적인 측면에서 보더라도 당시 국제적으로 통용되었던 영해3해리 기준에 입각하여 서해 5도를 근간으로 '중간선 원칙'에 따라 합법적으로 설정하였으며, 설정된 이래 실효적으로 지배해온 '실효적 지배원칙'과 '73년까지 북한이 인정해온 '묵인의 원칙' 등에 따라 법적 실효성을 확립해 왔다. 이처럼 ①중간선 원칙 ②실효적 지배 원칙 ③묵인의 원칙 등이 현NLL의 정당성과 합법성을 뒷받침하고 있는 것이다.

북방한계선(NLL) 침범과 조치

지적한대로 NLL침범은 영토를 침범한 것과 같은 것으로 단호한 조치가 있어야 한다. 이번에 있었던 바와 같이('14.2.25.) 심야시간대에 3회나 침범했고 2시간 동안이나 NLL남쪽에 머물러 있었던 것은 확실한 도발이었으며 우리 대응을 시험해 본 것으로 협박성 침범이었다. 이러한 도발에 대해 단호하게 조치하지 않을 경우에는 자칫하면 그들에게 면죄부를 주는 결과가 될 수도 있다. 영토에 대한 우발적 침범 또는 단순 침범은 있을 수 없듯이 영해도 마찬가지이다. 단호한 조치가 항상 수반되어야 한다.

이상과 같이 법적인 측면에서도 NLL은 전혀 문제되지 않는 것이다. 그들의 논리에 현혹되어서는 안된다.

3-3

북한의 계속되는 NLL 무력화 의도는?

북한은 북방한계선의 정당성 · 합법성을 인정하지 않고 이를 무력화하기 위한 공세를 계속하고 있다. 우리나라 국민 가운데 일부에서도 그들이 주장하는 논리에 대해 공감하고 있는 것 같다. 왜 반복적으로 무력화를 시도하고 있는 것인지? 그리고 천안함 피격사건도 이러한 전략의 일환이 아닌지?

NLL 무력화 목적

북한은 NLL무력화를 통해 ①대외적으로 NLL의 부당성을 알리고 ②도발의 당위성을 확보하며 ③남북관계에서 주도권을 장악하기 위한 것임을 쉽게 짐작할 수 있다.

그러나 더 큰 목적은 경제적 측면과 군사적 측면을 염두에 두고 있는 것으로 이점을 간과해서는 안된다.

경제적 및 군사적 이점

경제적 측면에서 NLL지역은 꽃게 등 수산물의 보고(寶庫)로 NLL을 남하시킬 경우 북한 입장에서는 엄청난 규모의 어장을 추가적으로 확보하는 것이 될 수밖에 없으며 우리는 그만큼 잃어버리는 것이 되는 것이다.

또한 군사적 측면에서 현재의 NLL은 우리 측에서 보면 ①적의 중심에 이르는 작전적 기동을 용이하게 할 수 있는 이점을 제공하며 ②이 지역에서의 해상우세를 달성하는데 기여하고 있지만 NLL을 남쪽으로 이동시킬 경우 북한 측에서는 ①수도서울을 향한 외선작전을 용이하게 할 수 있으며 ②유사시 연평도 등 주변 서해도서를 쉽게 점령할 수 있는 이점을 확보하게 되는 것이다.

따라서 군사적 · 경제적 측면의 유 · 불리점을 NLL 무력화의도와 연계시켜 볼 필요도 있다.

3-4

NLL에서의 평화유지 방법은?

북방한계선을 비롯한 서해지역은 때로는 화약고처럼 느껴진다. 우리는 NLL의 정당성을 강조하고 있지만 중요한 것은 평화를 유지하기 위한 제도적인 대책을 강구하는 것이 중요하다고 생각한다.

NLL 설정의 의의

NLL은 정전협정 준수 차원에서 우리 해군 및 공군의 초계활동을 한정하기 위해 북한해상을 장악하고 있는 군사적 우세를 포기하고 NLL을 설정한 것이다. 우리로서는 통 큰 양보였으며 북한 측 입장에서는 숨을 쉴 수 있는 상황이 된 것이다.

이러한 상황이었기에 북한에서도 20여 년간 NLL을 인정하고 준수해왔던 것이다. 그리고 평화를 위한 제도적 장치는 이미 마련되어 있다. 문제는 이것을 지키지 않기 때문에 발생하는 것이다.

제도적 장치

우선은 현 NLL은 평화유지를 위해 해상우세를 포기하고 해군력을 대폭 남하시켜 설정한 것으로 20여 년간 해왔던 것처럼 북한이 NLL을 인정하고 준수하면 되는 것이다.

또 하나는 이미 남 · 북한이 합의한 "우발적 충돌 합의서('04.6.14)"를 준수하면 된다. 이 합의서를 보면 충돌방지를 위한 구체적인 내용들이 포함되어 있다. 따라서 별도의 제도적 장치를 추가적으로 준비하기 보다는 이미 마련된 제도적 장치를 쌍방이 지켜나가면 되는 것이다.

04

교전규칙, 자위권

4-1

교전규칙과 자위권의 차이점은?

이번 연평도 포격도발 시 우리의 대응책을 놓고 수많은 사람들이 매스컴에 등장하여 의견을 제시 하고 있다. 결국은 자위권과 교전규칙에 대한 의견들이었는데 이것에 대한 명확한 개념과 차이점을 알고 싶다.

교전규칙

교전규칙이란 정전 시(평시) 우발적 충돌과 이로 인한 확전을 방지하기 위한 것으로 적이 고의적으로 의도성을 갖고 도발했을 때는 적용되지 않는다.

따라서 이번 연평도 포격도발 시 교전규칙 운운한 것은 잘못된 것이다.

자위권

자위권은 현존하는 위협(적대행위)에 맞서 국가와 국민을 보호하기 위한 권리로서 형법상의 정당방위와 유사한 것이며 UN헌장(제51조)에서도 인정하고 있는 국제법상의 권리로서 무장공격을 받았을 경우 자기방어를 위한 자연적 권한으로 인정하고 있다.

따라서 교전규칙에 의해 자위권이 침해 받을 수 없으며 침해받아서도 안되는 것이다.

이처럼 교전규칙과 자위권은 분명하게 다른 것이다. 교전규칙의 잘못된 적용은 그들의 도발을 반복적이게 할 수도 있다는 것을 생각해야 한다.

4-2

선제적 자위권이란?

이번 연평도 포격도발과 관련하여 '선제적 자위권 행사'라는 용어가 등장하고 있다. 한반도에서도 북한을 대상으로 한 선제적 자위권 행사가 가능하다고 생각하는지?

선제적 자위권

선제적 자위권이란 적의 공격 징후가 명백히 존재하고 적이 공격한 후에는 자위권 행사가 불가능 할 때 실시하는 최소한의 무력행사로 군사행동의 측면에서 보면 일종의 선제공격이다.

이것은 국제 관습법으로도 대다수 국가들이 인정하고 있으며 이스라엘의 6일 전쟁, 미국의 아프가니스탄 공격이 여기에 해당한다고 볼 수 있다.

북한에 대한 선제적 자위권 행사

한반도에서 전쟁이 재발하게 된다면 그것은 북한군의 선제 기습공격에 의해 시작될 것이다. 또한 연평도 포격도발과 같이 장사정포, 방사포, 미사일 등에 의한 도발을 예상할 수 있다. 이때는 대규모 피해가 발생하게 될 수밖에 없기 때문에 이러한 상황에서는 선제적 자위권 행사도 얼마든지 고려할 수 있는 것이다.

군대가 존재하는 것은 외부의 위협이나 침략으로부터 국민의 생명과 재산을 보호하고 영토와 주권을 지켜나가기 위한 것이다.

이러한 본질에 충실해야 하며 위기시 이것이 판단기준이 되어야 한다고 생각한다.

05

북핵, 미사일 위협

5-1

북한의 핵은 미국을 공격하기 위한 것?

북한에서는 "핵을 만들고 보유하는 이유가 미국에 있을 뿐 우리 민족에게는 사용하지 않을 것이다."라고 말하고 있는 것으로 알고 있다. 또한 일부에서도 그렇게 말하고 있는데 어떻게 생각하는지?

북한의 핵 개발 논리

북한은 3차에 걸쳐 핵 실험을 강행하여(1차:'06.9, 2차:'09.5, 3차:'13.2) '92년 이후 국제적으로 진행되어온 한반도 비핵화 노력을원점으로 되돌려 놓았다. 그리고 그 이유로 "미국이 우리 체제를 압살하려는데 맞서 핵을 개발할 수밖에 없다."는 논리로 소위 "자의적 수단"임을 강조하고 있는 상황이다.

"자위적 수단" 주장은 선전책략

북한이 핵을 개발하는 것은 다목적 하에서 추진하는 것으로 대외적으로는 핵 위협을 고조시켜 미국과 국제사회로부터 체제를 인정받는 동시에 경제적 대가를 확보하기 위한 것이 주요목적이며, 내부적으로는 위기국면을 조성하여 체제불만을 완화시키고 한국에 대해서는 군사적 위협을 통해 대북정책 전환을 압박하려는 것이다.

따라서 북한이 현실적으로 존재하지도 않는 안보위협을 들어 "자위적 수단" 운운하는 것은 어불성설이며 다양하고 복합적인 의도를 은폐하고자 하는 것으로 밖에 볼 수 없는 것이다.

북한이 핵을 개발하는 것은 재래식 전쟁으로는 한미연합군에 맞서 승산이 없기 때문이다. 다시 말해 한반도 적화에 핵은 저비용 고효율과 같은 역할을 하기 때문이다.

5-2

북한 핵무기 개발이 동북아에 미치는 영향?

북한의 핵무기 개발은 대한민국은 물론 주변국에게도 많은 영향을 미칠 것으로 우려하고 있다. 어떤 점이 우려스러운 것이며 핵과 관련하여 '우리민족끼리'를 강조하는 이유는 무엇이라 생각하는지?

북핵은 대한민국 및 한 · 미 · 일 안보협력을 위협

북한에게 핵무기는 대남 전략적 우위를 확보하고 적화통일의 기회를 포착하기 위한 강력한 정치 · 군사적 수단이며 장거리 미사일과 결합되어 일본과 미국을 겨냥할 경우에는 한 · 미 · 일 안보 협력 체제를 약화시키는 실질적인 위협요인으로 작용할 수 있다.

뿐만 아니라 북한의 핵 개발은 일본 · 대만 등 주변국에게 연쇄 핵 개발의 빌미가 되어 한반도를 비롯한 동북아 전체의 안정을 구너뜨릴 위험성도 있음을 간과할 수 없다.

'우리민족끼리'를 강조하는 이유

'우리민족끼리'라는 단어는 북한이 통일 전선을 형성하기 위해 수없이 사용해왔다. 글자 그대로 민족을 강조하는 것이 진심이라면, 즉 인본주의를 강조하는 것이 사실이라면 KAL858기 폭파 사건('87. 11.28.), 천안함 피격사건('10. 5. 24.), 연평도 포격드발('10.11.23)은 물론 북한주민의 인권 탄압 등이 있어서는 안되는 것이다. 그리고 미국은 핵 강국이다. 설사 북한이 핵무기 몇 기를 보유하고 있을지라도 미국과 상대 할 수 없다는 것은 북한이 더 잘 알고 있을 것이다.

따라서 핵과 관련하여 "우리민족끼리"라는 용어를 사용하는 것은 북한 핵의 반대를 "통일전선전술"로 묶어 버리겠다는 또 다른 표현으로 밖에 볼 수 없는 것이다.

5-3

통일 대한민국의 핵 보유?

일부 젊은이들 사이에서 "북한의 핵은 통일 후 우리 민족의 자산이 될 것 이므로 반대할 이유가 없다"는 주장을 하고 있다. 과연 현실적으로 가능한 이야기일까?

통일 대한민국의 자산

통일이 될 경우 북한의 핵은 우리 자산이 될 수 없다. 이유는 첫째, 우리는 "NPT(핵 확산 금지 조약)"와 "비핵화 공동선언"에 서명한 국가로서 국제적 약속을 지켜야 하며 그렇지 않을 경우 국제적 제재를 감수해야 하고 둘째, 남북통일은 남북당국의 합의와 함께 한반도 주변 국가 및 국제사회의 동의와 협조가 필수적인바 핵무기를 가진 통일한국을 허용치 않는다는 것이다.

이처럼 북한의 핵 보유는 통일과정에서는 물론 통일 후에도 대한민국에 기여하는 것이 아무것도 없으며 단지 남북관계 진전과 한반도 긴장 완화에 악영향만을 미칠 뿐이다.

북한 핵개발

지금은 국제사회와 협력하는 시대이다. 그러나 북한의 핵개발은 이러한 국제질서와 환경을 무시한 것으로 한반도 평화 파괴는 물론 대만 · 일본 등의 핵무장 가능성을 높여주는 것이고 핵개발에 소요되는 대규모 비용과 북한의 경제난을 고려할 때 정권 연장을 위해 주민의 굶주림을 이용하는 가장 비인간적인 행위로 비난받을 수밖에 없는 것이다.

북한의 핵개발보다 더욱더 위험한 것은 질문처럼 북한의 핵은 통일 후 우리 것이 될 수 있다는 잘못된 생각들과 북한의 핵개발을 제3자의 위치에서 바라보는 안보불감증이다.

5-4

북한의 핵 능력은?

북한은 핵무기로 위협하기 시작했고 실제 핵과 경제 병진정책을 표명하고 있다. 북한의 핵능력은 어느 정도 되는지?

핵물질 보유

북한이 핵을 만들 수 있는 물질을 어느 정도 갖고 있는지 정확한 것은 알지 못하지만 관련 자료들을 종합해 볼 대 플로토늄은 약 40kg(임계질량:6~8kg), 우라늄은 60~120kg(임계질량:15~20kg)정도를 보유하고 있는 것으로 추정된다.

무기화

핵물질을 얼마만큼 보유하고 있든지 실제 무기로 사용하기 위해서는 탄도 미사일에 탑재할 수 있도록 소형화 · 경량화해야 하는바 무게는 1,000kg 이하, 직경은 90cm 이내가 되어야 한다.

이와 관련하여 성공 했다는 확실한 증거는 없으나 기존 핵개발 국가의 소형화 소요 기간이 대략 2~7년인 것을 고려하면 1차 핵실험('06.10)이후 약 8년이 경과했기 때문에 북한의 소형화 기술은 상당한 수준에 도달해 있을 것으로 예상되며 북한이 보유한 탄도 미사일과 소형화에 성공한 핵탄두를 결합하여 무기로 사용하게 될 경우 우리에게 심각한 위협이 될 수밖에 없다.

북한이 확실하게 무기화에 성공했다면 한반도에서의 전략적 균형은 붕괴된 것이다. 핵전쟁 시나리오를 생각하고 이에 따른 대책도 시급히 강구해야 한다.

5-5

북한의 추가 핵실험 가능성?

오래 전부터 북한의 제4차 핵실험과 관련된 뉴스가 종종 보도되고 있다. 미국과 중국 등 모두가 한반도 비핵화를 희망하고 있으나 걱정되기도 하다. 과연 추가 핵실험 가능성을 어떻게 보고 있는지?

과거 핵실험

북한은 이미 3차 핵실험까지 실시했으며 이러한 핵실험은 국제적인 약속을 위반하면서 자행했다는 점을 유의 할 필요가 있다.

특히 3차 핵실험 같은 경우는 1년 전 미 · 북 고위급회담('12. 2. 29.)에서 북한의 식량 지원에 대한 합의까지 있었지만 이것을 위반하고 핵실험을 한 것이다.

즉 미국이 북한에 24만톤의 식량을 제공할 뿐만 아니라 추가적인 식량 지원까지 합의했으나 이를 어기고 3차 핵실험을 했던 것이다.

핵실험 가능성

북한은 전략적 수준에서 그들의 정치적 목적에 따라 언제라도 추가적인 핵 실험을 실시할 수 있다. 특히, 북한은 기술적인 측면에서도 추가적인 핵실험이 가능한 상태를 유지하고 있는 것으로 추정된다.

따라서 정치적 결정 시에는 언제라도 추가 핵실험이 가능하며 한국과 미국의 대북정책 전환과 핵보유국으로서의 명분을 축적하기 위한 4차 핵실험 가능성은 항상 내재되어 있는 상태이다.

또한 핵실험이 계속 반복될수록 그들의 핵무기 수준은 향상될 것이다. 이것이 그들의 핵실험을 경계해야 하는 또 하나의 이유인 것이다.

5-6

맞춤형 억제전략이란?

북한의 핵 및 미사일 위협에 대비하여 "맞춤형 억제전략"으로 대응한다는 것을 보도를 통해 들었다. 이것이 무엇을 말하는 것인지?

맞춤형 억제전략

맞춤형 억제전략이란 기존의 핵 확장 억제 전략(미국이 적의 핵 위협으로 부터 동맹국을 보호하기 위해 중요 전력을 제공)을 한반도 상황에 맞게 최적화 하여 발전시킨 한 · 미 공동의 억제 전략이다.

주요 내용

이 전략은 북한이 WMD사용을 위협하는 단계부터 사용하는 단계까지를 포함하는 모든 핵 위기 상황을 망라하고 있으며 실효성을 강화하기 위해 전략적 수준에서 상황별로 군사적 · 비군사적(외교, 경제 등) 방안이 포함되어 있고 군사적 측면에서는 미국의 핵우산과 한 · 미연합의 재래식 타격 전력 및 미사일 방어 능력 등 모든 범주의 능력이 망라되어 있다.

상황이 발생하게 되면 한국군은 한 · 미 연합으로 상황을 평가하고 대응 방안을 결정하며 그에 따른 모든 군사적 수단을 운용 하게 될 것이다.

앞에서 언급하였지만 맞춤형 억제전략이란 한 · 미 공동으로 북한의 핵과 미사일에 대응하는 것이다. 그렇게 때문에 한국의 전력도 포함되어 있다. 따라서 여기에 포함된 우리의 전력 증강이 늦어져서는 안된다.

안보교육 중 받은 질문과 답변들!

국가안보의 핵심을 말한다

06

한미동맹, 작전통제권

6-1

한 · 미 연합훈련과 작전통제권?

북한에서는 매년 KR/FE, UFG와 관련하여 한 · 미 연합훈련을 비난하고 있으며 때로는 고강도 위협까지 하고 있는 상태이다. 한 · 미 연합훈련을 미국의 전시작전통제권 행사 때문에 실시하는 것인지?

전시작전통제권

작전통제권이란 특정한 상황 하에서 특정한 임무를 수행하기 위해 작전을 통제하는 권한이다. 따라서 한미연합사령관의 전시작전통제권은 한반도에서 전쟁 발발 시 한미연합군의 작전 통제에 대한 권한을 말하는 것으로 현재는 한・미연합사령부에 이양되어 있는 상태이지만 한국군 합참으로의 전환을 추진 중에 있는 것이다.

한・미 연합훈련

한・미 연합훈련을 실시하는 근거는 전시작전통제권과 연결시키기 보다는 한미상호방위조약에 따른 한미동맹이다. 즉 한반도에서 전쟁 발생 시 이 근거에 따라 한국군과 미군이 연합작전을 실시하도록 되어 있기 때문에 전시 한반도 전구에서의 작전수행능력을 향상시키기 위해 한・미 연합훈련을 실시하는 것이다.

그렇기 때문에 전시작전통제권을 우리가 환수할지라도 여기에 관계없이 한・미 연합훈련은 한미동맹에 근거를 두고 지속적으로 실시될 수밖에 없다.

참고적으로 강도 높은 한・미연합훈련은 작전수행능력 향상과 함께 북한의 도발을 억제하는 효과가 있다는 것을 이해하고 적극적으로 지원하는 것이 중요하다.

6-2

한 · 미 연합훈련의 필요성?

한 · 미 연합훈련을 북한에서는 계속 비난하고 있다. 종편방송을 보면 일부 정치인과 종교인까지 나서서 북한이 반대하는 한 · 미 연합훈련의 중단을 요구하고 있는데 생각해볼 필요가 있는 것 아닌지?

한 · 미 연합훈련의 근거

한 · 미 연합훈련은 한미상호방위조약에 의한 한미동맹에 기반을 두고 실시하는 것이다. 즉, 한반도 전쟁 발생 시 한미상호방위조약에 따라 한 · 미가 연합으로 작전을 실시하도록 되어 있기 때문에 한반도 전구에서의 연합작전수행능력을 향상시키고 그 수준을 유지하기 위해 실시하는 것이다.

한 · 미 연합훈련의 성격과 정당성

한 · 미 연합훈련은 적의 공격에 대비한 방어적 성격의 훈련이며 이 훈련을 통해 평시 대북억제력을 제고시키고 유사시에 대비한 작전수행능력을 향상시키고 있는 것이다.

한 · 미 연합훈련은 앞에서 언급한대로 한미동맹의 상징으로 지극히 당연한 것이다. 따라서 남북관계악화 등의 이유로 축소되거나 숨어서 실시하거나 더 나아가 중단된다면 우리의 정당한 권리와 의무를 포기하는 것이며 북한이 바라는 대로 그들의 전략에 말려드는 것이다. 어떤 이유가 되었든 우리의 권리와 의무를 포기해서는 안 된다. 북한에서 주장하는 것처럼 한미연합훈련을 비난하기 보다는 북한의 한반도 적화전략을 비난하고 중단을 요구해야 한다.

6-3

전시 작전을 지휘할 수 있는 능력?

작전통제권 전환이 또 다시 연기된다고 하는데 왜 자꾸 연기하는 것인지? 포기하는 것은 아닌지? 아니면 우리의 능력이 안 되는 것인지?

작전통제권

작전통제권은 평시와 전시로 나누어져 있다.

평시작전통제권은 평상시(전쟁 이전) 부대 운용에 관한 권한으로 '94.12.1.부로 한국군에 전환되어 현재 합참의장이 행사하고 있으나 전시작전통제권은 전시에 군을 작전 통제할 수 있는 권한으로 현재 연합사령관이 갖고 있는 상태이다.

전시작전통제권 전환 연기 이유

전시작전통제권 전환은 '07년 2월 한・미국방장관회담에서 '12. 4.17.부로 전환하는 것으로 하였으나 '10.6.26.한・미 정상회담에서 '15.12.1.부로 이양시점을 조정하였고 이번에 전작권 전환 시기 문제가 다시 언급된 것은 ①심각해진 북한의 핵과 미사일 위협과 ②이에 따른 우리의 대응능력 구비 등이 이유로 제시되었기 때문이다.

즉 전작권 전환 합의 당시 안보상황 보다 심각해진 현재의 안보상황을 고려한 것으로 보다 신중하게 접근 할 필요성이 발생했기 때문인 것이다. 따라서 연기한 것을 포기나 능력 여부로 판단하기 보다는 국익을 고려한 불가피한 조치로 봐야하는 것이다.

일부에서는 전시작전통제권을 주권과도 연계시키고 있으나 전혀 다른 별개의 문제라는 것을 인식해야 한다. 전시작통권은 미국이 강제적으로 한 것이 아니라 우리가 원했기 때문에 쌍방의 합의로 이루어진 것이다.

6-4

조건에 기초한 전작권 전환이란?

한미는 이번 제45차 SCM('13.10.2.)을 통하여 "조건에 기초한 전작권 전환 추진" 에 공감하였다는 보도를 보았다. 이것이 무엇을 말하는 것인지?

조건에 기초한 전작권 전환

조건에 기초한 전작권 전환이란 전작권 전환과 관련하여 조건들을 설정하고 그것이 달성(충족)되었을 때 전환한다는 것이다.

지금까지는 조건 설정 없이 일정기간이 경과하면 전환한다는 일종의 시간개념이었으나 시간에 관계없이 기준을 조건충족여부로 변경시킨 것이다. 쉽게 말해 조건의 개념으로 바꾼 것이다.

당위성

이러한 조건의 개념은 두 가지 측면에서 지극히 당연한 것이라 할 수 있다.

첫 번째는 전작권 환수는 군뿐만이 아니라 국가적 차원의 중요한 결심지점이기 때문에 결심에 필요한 조건들이 작전적 변수와 임무변수를 고려하여 선정되고 관리되어야 한다. 지금까지 시간 개념으로 추진해온 것은 이런 측면에서 잘못된 것으로 개념의 전환이 다소 늦었지만 매우 다행스런 조치인 것이다.

두 번째는 전작권 전환은 손자병법에서 말하는 "중요한 勢"에 해당되는 것이다. 손자는 "장수는 勢로서 승리를 구하지 사람(치열한 전투,부하 능력)으로 부터 구하지 않는다."고 했다. 이처럼 "중요한 勢"인 전작권 전환은 보다 신중하게 접근해야 하기 때문이다.

결론적으로 국가의 중대사를 조건없이 처리한다는 것은 아무런 준비없이 처리한다는 것과 같은 것이기 때문에 이러한 실수를 범하지 말자는 것이다.

6-5

작통권 전환 시 한미동맹 약화?

작통권이 전환되면 연합사도 해체되고 그로인해 한미동맹도 약화될 것이라고 우려하고 있다. 어떻게 되는 것인가?

작통권과 일부 주장

전시 작통권 이라는 것은 한반도 전구에서 전쟁이 발생했을 때 한·미연합군을 한국군과 미군 중에서 누가 작전통제할 것인가 하는 것이다. 즉 작전지휘와 관련된 것이다.

그러나 작전통제권 인수와 관련하여 일부에서는 작통권을 한국군에게 넘겨줄 경우 미군의 지휘 책임이 없어지기 때문에 한미동맹이 약화되고 미증원전력도 제대로 전개되지 않는 등 미군의 참여 정도가 약해질 수 있다는 것과 작통권을 전환할 경우 한미 연합사가 해체되는 등 미군이 한반도에서 크게 물러설 것으로 북한이 오판하고 전쟁을 야기시킬 수 있다는 것을 우려하고 있다.

작통권 전환에 따른 조치

작통권을 전환할지라도 한미상호방위조약에 근거를 둔 한미동맹은 흔들릴 수 없으며 흔들려서도 안된다. 왜냐하면 한미동맹은 한국방위의 중심이자 실체이기 때문이다.

한미연합사는 미군이 작전을 지휘할 수 있도록 편성된 기구로써 한국군이 지휘하게 되기 때문에 해체되는 것이며 이에 따라 현재의 연합사기능을 갖춘 새로운 형태의 연합전구사령부(가칭)가 만들어질 것이다.

한미동맹이 붕괴되기 때문에 연합사가 해체되는 것이 아니다. 작전통제권 전환과 관련하여 한미동맹과 연합작전 능력을 더욱더 강화시켜 나가는 노력이 필요한 것이다.

6-6

전작권 전환 연기로 인한 군 신뢰 추락 및 부작용?

전작권 전환 연기에 대해 국민여론은 찬성이 50%가 넘는데 그중 30%가 그 이유로 한국군을 못 믿기 때문이라고 답을 했다. 또한 연기로 인해 북한과의 대화에서 대화 당사자로 존중받는데 큰 걸림돌로 작용할 수도 있다는 말을 하고 있다.

전작권 전환의 본질 훼손

작통권 전환 문제는 국민여론에 의해 좌우 되어서는 안된다. 국민들이 아무리 반대 할지라도 국민을 설득해서 연기하거나 앞으로 당겨야 할 만큼 중대한 과업이다.

관계자는 이러한 용기와 소신을 갖고 임해야 한다. 또한 전작권 문제가 북한과 대화를 함에 있어서 대화 당사자로 존중받는데 걸림돌로 작용하고 있다는 일부 의견에 대해 질문의 배경을 충분히 이해하고 있지만 현 상황을 고려한 굳건한 한미동맹은 북한을 압박하는 역할도 할 것이라는 것을 간과해서는 안된다.

전작권 전환 연기

작통권 전환이 일단 "조건에 기초한 접근"으로 변경되고 연기된 것은 늦었지만 적절한 조치였다. 왜냐하면 이 문제는 단순히 군사적인 수준을 뛰어넘는 국가적 차원의 결심사항이기 때문이다. 즉 국가적으로 중차대한 문제를 정해진 시간(일정)이 되었다 하여 준비여부에 관계없이 주고받는 것이 아니라 제반 준비사항을 조건에 따라 점검 및 평가하고 그것을 기준으로 당기거나 연기하는 융통성을 갖고 접근해야 하는 것이기 때문이다.

연기한 것은 이러한 개념으로 접근해볼 때 제반 조건이 충족되지 않았기 때문이다.

처음부터 조건의 개념으로 접근하고 추진되었어야 하는 것인데 대단히 소홀하게 접근했던 것이다. 전작권 전환 연기로 인해 한국군 신뢰가 추락했다는 것에는 동의할 수 없다. 왜냐하면 전작권 전환은 국가적인 문제이고 이것을 위해서는 국민의 지지를 바탕으로 국가적 차원에서 추진되어야 하는 것이기 때문이다.

주요 과업

현시점에서 중요한 것은 전작권 전환 또는 연기의 타당성, 군 신뢰 추락 등을 운운하기보다는 제시된 조건을 구체적으로 보완·발전시키고 로드맵을 작성하여 한·미가 공동으로 평가해 나가는 것과 한국군의 전구작전 수행 능력을 향상시키고 한미동맹을 더욱 굳건히 발전시켜 나가는 것이다.

그리고 군사주권, 연합방위체제, 한미동맹 등에 대해 국민의 오해가 없도록 설득시키면서 아울러 전작권 전환을 위해 노력하고 있다는 것을 국민들에게 알리고 공감대를 더욱더 확산시켜 나가는 것이다.

참고적으로 제2차 세계대전 당시 연합군은 아이젠하워 장군의 작전통제를 받았고, 6·25전쟁 때는 맥아더 장군의 작전통제를 받았으나 그 어느 국가도 군사주권 침해를 불평하지 않았으며 NATO도 유사시 미군이 작전통제하게 되지만 NATO 국가들도 군사주권 상실로 인식하지 않고 있다는 것을 알아야 한다.

6-7

작통권은 전시에 한국군을 미군이 마음대로 지휘하는 것인가?

아무리 전쟁 중이라 할지라도 미국이 한국군은 마음대로 지휘한다는 것은 주권 국가로서 자존심이 상하는 일이라 볼 수 있다. 어떻게 생각하는지?

전시작전통제권 행사

전시 작전 통제권 행사는 미국이 단독으로 하는 것이 아니라 연합지휘체제에 의해 하도록 되어 있다. 즉, 한미양국의 국가원수 및 군사지휘기구(국방장관)하에 있는 양국의 합참의장이 협의하여 연합사령관에게 작전을 지시하도록 되어있으며 지상군 같은 경우는 연합사령관이 한국군 4성장군인 지구사령관에게 지시하여 지구사령관이 한미지상군을 작전 지휘하도록 되어 있다. 해 · 공군 같은 경우도 마찬가지로 사령관은 미군이 담당하지만 부사령관은 한국군으로 임명되고 그 예하에는 한미 해 · 공군이 편성되어 즉 연합군을 편성하여 작전을 수행하도록 되어 있다. 따라서 미국군이 마음대로 한국군을 지휘하는 것이 아니다.

작전통제권과 작전지휘권

과거 사례를 보더라도 동맹국들 간에 연합작전을 하게 될 경우에는 연합사령관 밑에 있는 구성군 사령관들은 자국군에 대해서는 작전 지휘권을 갖지만 타국의 군대에 대해서는 작전통제권만을 행사해왔다. 이처럼 작통권은 특정한 상황 하에서 특정임무를 수행하기 위해 제한적으로 자국군이나 연합작전을 하는 타국군에 대한 통제권한에 불과한 것이다. 반면에 작전 지휘권은 인사 · 군수 · 교육훈련 등을 망라하는 것이다. 따라서 미국군이 한국군에 대한 작전 지휘권을 갖고 있는 것이 아니라 한미연합사령관이 작전통제권만을 갖고 있는 것이다.

6-8

한미동맹은 미국의 필요에 의해 체결?

한미동맹은 한국에 주는 이점도 있지만 그보다는 일본의 공산화를 막기 위한 조치로 이루어졌다고 주장하는 사람도 있다.

한미동맹의 출발

한미동맹은 1948년 정부수립 이후부터 한국의 방위를 위해 이승만 대통령이 한미상호방위조약과 한미동맹을 계속 주장해왔지만 미국은 이를 받아들이지 않았었다. 이것은 한국군의 전략적 가치를 인정하지 않았기 때문이며 약소국인 한국과 동맹이 필요 없었기 때문이었고 이러한 미국의 입장은 6 · 25직후에도 마찬가지였다. 그러나 6 · 25 휴전과 함께 상호방위조약을 체결하게 되었는바 이것은 이승만 대통령의 반공포로석방과 북진통일을 주장하는 등 미국을 계속 압박해서 얻어낸 것이었다.

한미동맹 체결 주장 이유

물론 미국 입장에서 보면 미국의 전략적 및 군사적 이점도 있겠지만 한국 입장에서는 ①북한의 재침을 방지하고 ②복구지원을 미국으로부터 받을 수 있으며 ③미국으로부터 안보를 보장받으면서 국가재건에 올인 하는 등 당시로써는 폐허상태에서 국력을 보강하기 위해 체결했던 것이다.

동맹은 국력과 군사력을 향상시키기 위한 수단이며 세계 모든 국가들이 동맹을 통해서 국가안보를 더욱더 강화해나가고 있다.

"나홀로 국방"은 존재할 수가 없는 것이다. 동맹은 모든 국가들의 현실적인 국력으로 작용하는 것이다.

6-9

한미동맹의 부정적 요인?

일부에서는 미국이 한국에게 안보를 제공해주는 대신 한국의 정치, 외교, 군사력 운용 등을 통제한다는 말을 하고 있다. 이점을 어떻게 생각하는지?

일부의 주장

오래전부터 일부에서는 동맹관계에서 약소국은 강대국의 안보 제공을 받는 대신에 외교와 국방 정책 등은 강대국이 원하는 방향으로 추진하는 등 강대국이 보장하는 안보와 그들이 보유한 자율권을 교환한다는 말을 하고 있다.

한미동맹

한국이 처한 상황을 볼 때 80년대 말까지는 앞의 논리가 적용될 수밖에 없었고 이점을 국민들도 어느 정도 인정해왔다고 생각한다. 그러나 한국이 중진국을 넘어 선진국의 진입에 들어선 지금에는 약소국에서 발견되었던 안보와 자율성의 상호교환이 상호보완적 관계로 발전하고 있다. 미국이 일방적으로 혜택을 베풀고 우리가 혜택을 받기만 하는 그런 관계가 아니다. 연간 약 1조원에 가까운 방위비 부담과 과거 미국과 북한간의 제네바 합의 결과에 따라 영변 핵시설 동결과 관련하여 경수로 건설을 지원하는 경비의 70%를 우리가 부담하는 등 우리가 줄 것은 주고 받을 것은 받는 동반자적 관계, 상호 호혜적 관계로 전환되었다. 뿐만 아니라 한미 관계에서 미국의 자율성이 제한을 받는 경우도 있다는 것을 이해해야 한다.

한미동맹 초기에 나타났던 문제점은 한미관계에서만 특별히 존재했던 것이 아니라 모든 강대국과 약소국 사이에 맺은 동맹에서는 공통적으로 나타났었다는 점을 생각해 볼 필요가 있다.

07

Kill-Chain, KAMD

7-1

Kill-Chain이란?

북한의 핵 및 미사일 위협과 관련하여 국방부에서는 Kill-Chain을 언급하고 있으며 또한 지면을 통해서도 몇 번 접했지만 무엇을 말하는 것인지 잘 모르겠다. 어떤 것을 연결하는 것인지?

한반도 작전환경

한반도의 작전환경은 종심이 짧다는 것이 특징이다. 그렇기 때문에 북한에서 미사일을 발사했을 때 미사일이 날아오는 시간도 짧을 수밖에 없으며 실제로 북한이 보유하고 있는 스커드 B, C 미사일 같은 경우는 사거리가 300~500km로서 5분 이내에 남한의 목표지점에 도착하게 된다. 따라서 북한이 미사일을 발사하기 이전에 선제 타격하는 것이 최선의 방법인 것이다.

선제타격

Kill-Chain은 앞서 언급한 한반도 작전환경을 고려하여 북한의 후방 지역에 위치한 이동식 미사일 발사대 등 주요 핵심 표적을 미사일 발사 이전에 선제 타격하기 위한 것이다. "탐지-식별-결심-타격" 체계, 즉 탐지 및 식별한 후 무엇으로 어떻게 타격할 것인가를 결심하여 타격하는 것으로 현재 구축 중에 있지만 체계별로 상당한 수준까지 진행 되어 있는 상태이고 국방예산에 따라 완료시기는 달라질 수 있다.

체인(Chain)은 "탐지—식별—결심—타격" 이라는 일련의 시스템이 서로 연결되어 있다는 것을 말하는 것이다.

7-2

KAMD(한국형 미사일 방어)란?

북한 문제와 관련하여 한국형 미사일 방어(KAMD)가 자주 등장하고 있다. 또한 MD 편입문제가 병행하여 제기되고 있는데 한국형 미사일 방어가 어떤 것인지? 또한 Kill-Chain과는 무엇이 다른 것인지?

Kill-Chain

북한의 핵 및 미사일 위협에 대비하여 한국군이 구축하고 있는 체계가 바로 Kill-Chain과 KAMD이다.

Kill-Chain은 한반도 작전 환경을 고려할 때 북한의 미사일이 발사된 이후에는 요격의 효율성이 떨어질 수밖에 없기 때문에 발사 이전에 먼저 타격하여 발사를 못하게 함으로써 피해를 방지하자는 것이다.

KAMD

KAMD(Korea Air and Missile Defense)는 Kill-Chain에 의하 선제타격 하지 못한 미사일이 발사되어 남한지역으로 날아 올 경우 공중에서 요격하기 위한 것으로 "탐지-통제-요격"체계 즉, 적 미사일을 탐지한 후 요격수단을 통제 조정하여 요격하는 시스템으로 이루어져 있으며 현재 구축 중에 있다.

이것은 MD와는 달리 종말단계 하층 방어(40KM이하) 체계로 미사일이 낙하하는 단계의 "고도 40KM이하"에서 요격하는 것으로 Kill-Chain과 마찬가지로 국방예산에 따라 완료시기는 달라질 수 있다.

북한핵과 미사일에 대비하여 한미가 공동으로 맞춤형억제전략을 발전시키고 있는데 여기에 한국군의 Kill-Chain과 KAMD가 중요한 전력으로 포함되어 있다.

7-3

선제타격과 요격의 신뢰성?

Kill-Chain에 의한 선제타격과 KAMD에 의한 요격이 북한의 핵 과미사일에 대한 최선의 방법으로 알고 있다. 이것만 준비되면 걱정을 안 해도 되는지? 또한 신뢰성은 어느 정도나 되는지?

능동적 억제전략

북한의 핵과 미사일 위협과 관련하여 우리 군은 자체능력에 기반한 능동적 억제 전략을 추진하고 있는바, 이것은 WMD위협이 커질 경우 징후포착 30분 이내 원점을 타격한다는 개념으로 Kill-Chain과 KAMD가 핵심을 이루고 있다.

선제타격 가능성

Kill-Chain에 의한 선제타격을 어떻게 할 것인가? 하는 것에 대해 일부에서 많은 의문점들을 제시하고 있다. 그러나 북한의 미사일은 이동식 발사대(TEL)를 이용하여 발사 후, 신속히 은폐 장소로 이동하는 전술(Shoot and Scout)을 사용하고 있기 때문에 미사일을 발사하기 위해서는 발사대 및 관련 장비들이 야외 전개를 위해 이동해야 하며 그 이후에는 연료 및 산화제를 주입해야 하므로 상당시간 노출될 수밖에 없다. 제한사항은 있지만 바로 이때를 이용하여 선제 타격하겠다는 것이다.

KAMD에 의한 요격

이것은 종심이 짧은 한반도의 작전 환경을 고려하여 종말단계 하층 방어(고도 40KM 이하)에서 요격하는 것으로 발사 된 미사일을 사전에 탐지하여 요격하는 것으로 무방비 상태로 있다가 갑자기 날아드는 미사일을 요격하는 것이 아니다. 그러나 종말단계 하층 방어

만으로는 너무 요격 범위가 제한되기 때문에 요격범위를 확대할 필요가 있다는 의견도 제기되고 있는 것이 사실이다. 북한의 핵과 미사일에 대해 이상에서 언급한 바와 같이 Kill-Chain과 KAMD를 그 대책으로 제시하고 있으나 모든 군사작전과 마찬가지로 완전성을 보장해 줄 수는 없다. 만약의 경우를 대비한 대책 또한 지속적으로 마련해나갈 필요가 있는 것이다.

7-4

KAMD는 MD에 편입되는 것?

MD편입 문제가 자주 거론되고 있다. 미국의 MD체계와 대한민국이 추진하고 있는 KAMD가 어떻게 다른 것이며 MD에 편입하기 위한 기초단계가 KAMD라고 하는데 무엇을 말하는 것인가?

미사일 요격체계

미사일 요격체계는 상승 · 중간 · 종말 단계로 구분하고 있으며 상승단계는 미사일 발사 직후부터 계속 상승하는 단계로 추진체가 연소되어 분리 될 때 까지를 말하는 것으로 이 단계에서의 타격 수단은 현재까지 보유 하지 않고 있다.

중간단계는 추진체 분리 후부터 대기권 밖(외기권)을 비행하는 단계를 말하며 타격수단은 SM-3로 미국과 일본이 보유하고 있다.

종말단계는 대기권에 재진입하여 표적을 공격하는 단계로 지상에서의 고도를 기준으로 상층(100KM이상), 중층(40~100KM), 하층(40KM 이하) 방어로 구분하고 있으며 타격수단으로는 종말단계 상층방어는 THADD(미국), 하층방어는 패트리어트(미국, 일본, 한국)가 있다.

MD와 KAMD

MD(Missile Defense)체계는 미국을 중심으로 영국 · 프랑스 · 일본 · 이스라엘 참여하에 구축 중에 있으며 중국 · 러시아 · 북한 · 이란의 탄도미사일을 대상으로 한 사거리 5500KM 이상의 고고도 미사일 방어체계(상층 100KM이상)로 주요 전력은 SM-3와 THAAD이다. 미 공군 북부 사령부(콜로라도 위치)의 통합지휘 하에 작전을 수행하게 된다.

그러나 KAMD(Korea Air and Missile Defense)는 미국 MD체계의 일

부가 아닌 한국형 MD체계로써 북한의 탄도 미사일을 대상으로 사거리 1,300KM이내의 저고도 미사일 방어체계(종말단계 하층 40KM 이내)로 패트리어트가 주요전력이며 미 공군 북부사령부의 통합 지휘를 받지 않는다.

이처럼 MD와 KAMD는 대상(중국 · 러시아 · 북한 · 이란 탄도 미사일-북한 탄도미사일)과 사거리/고도(5500KM 이상 고고도 미사일 방어 체계-1300KM이내 저고도 방어 체계), 주요 타격 수단(SH-3, THAAD-패트리어트), 지휘통제(미 공군 북부 사령부-한국군) 등이 다르다.

7-5

대한민국의 미사일 능력?

북한에서는 수시로 미사일을 발사하는 등 무력시위를 하고 있다. 그러나 우리의 미사일 능력 향상은 미국과의 미사일 협정 문제로 어려움을 겪고 있는 것으로 알고 있다. 과연 우리나라의 미사일 능력은?

미사일 개발

우리의 군사력 건설을 뒤돌아 보면 70년대에는 자주적 군사력 건설시대로 1차 율곡사업 추진 결과 군사력의 양적 · 질적 성장과 함께 세계에서 7번째로 미사일을 발사하게 되었다. 그 후 40여 년의 기간이 경과한 만큼 상당한 수준에 올라 있을 것으로 추측된다.

북한의 미사일 위협과 대응 능력

북한의 미사일 위협은 널리 알려져 있는바 스커드, 노동, 무수단 등 1000여발을 작전 배치했고, 사거리도 300~3000KM로서 한반도 전역을 사정권에 두고 있다.

특히 한반도 지형의 특징인 짧은 종심과 이로 인한 미사일의 짧은 비과시간 등을 고려할 때 북한의 미사일 위협은 매우 심각한 것이다.

북한의 미사일 위협에 대비하여 앞서 언급한 Kill-Chain과 KAMD를 구축하고 있는 것이다. 또한, 북한의 위협에 대비하기 위해 미국과 미사일 지침을 개정하여('12년) 사거리를 대폭적으로 증가시키는 등 군사적 소요를 충분히 반영하여 필요한 만큼 타격이 가능한 수준을 유지토록 협정이 완료되었다. 문제는 조기에 합의한 사거리만큼의 전력을 확보하는 것이다.

안보교육 중 받은 질문과 답변들!

국가안보의 핵심을 말한다

08

국방개혁('14~'30)

8-1

국방개혁의 문제점과 대안?

이번에 다시 작성된 국방개혁('14-'30)에 대한 우려가 많이 있는 것으로 알고 있다. 매스컴을 보면 과연 국방개혁이 제대로 추진될 것인지 하는 의구심을 갖지 않을 수 없다. 무엇이 문제이며 대안은 무엇인가?

국방개혁('14-'30) 주요 내용

국방개혁의 핵심을 이루고 있는 내용은 크게 4가지로 요약되는바 ① 작전 체제를 군단중심으로 개편 ② 병력(육군)을 약 11만 명 감축 ③ 북한 핵/미사일에 대비하여 Kill-Chain과 KAMD구축을 위한 전력 보강 ④ 주변국 위협에 대비한 이지스 구축함, FX(차기 전투기) 사업추진 등이다.

제시된 문제점

KRIS 발간지 등 제반자료에 제시된 국방개혁('14-'30)의 문제점을 종합해 볼 때 첫째, 매년 7%이상의 국방 예산증가가 필요하다는 것이다. 그러나 지난 정부의 5년간 평균 증가율은 국민의 정부에서는 4.9%, 참여정부에서는 8.8%, MB정부에서는 5.4%에 불과 했으며 현 정부 들어서는 4.5%증가에 불과했다. 따라서 과연 7%이상 증가 될 것인지 하는 것이 첫 번째 관건이다.

둘째, 병력 감축과 부대 수 감소의 불가피성이다.

국방부에서는 출산율 감소로 2022년 이후에는 현 복무 기간 고려시 병력을 11만 명 줄여야 한다는 것이며 그 대신 전력 보강과 간부 비율 증가가 필요하다는 것이다. 그러나 여기서 병력 감축과 부대 수 감소는 출산율보다는 "How to Fight?"가 근거가 되어야 하는 것이다.

그리하여 병력이 부족하다면 복무기간을 늘려서라도 소요병력을 충원 시킬 필요가 있는 것이다. 또한 북한군은 120여만 병력과 20여만 명의 특수부대를 보유하고 있으며 한국 지형은 산악으로서 첨단 전력만으로는 북한군을 상대하기 곤란하다는 점을 너무 간과했다는 것이다.

셋째, 북한의 핵과 미사일에 대한 대비능력이 포장되어 있다는 것이다.

현재 우리는 핵과 미사일로 무장한 북한정권과 대치해 있는 상태에서 대비책으로 Kill-Chain과 KAMD체계를 구축하고 있으며 이 체계의 완전성을 강조하고 있으나 발사대 120여개 이상을 어떻게 365일 24H 추적하고 감시 할 것인가? 그리고 미사일 발사 후 불과 5분 이내에 목표지점을 공격할 것인데 어떻게 100%요격 할 것인가? 대단히 어려운 문제이다. 완전성을 강조함으로써 국민을 안심시킬 수 있으나 만사해결책이 아니며 유사시 그것이 부메랑으로 돌아올 수도 있다.

따라서 이러한 실상을 국민에게 솔직하게 알리고 공감대를 형성하면서 대책을 강구해 나가야 한다. 영세 중립국가인 스위스마저 핵공격을 받을 경우에 대비하여 대피호 30만개 이상을 구축해 놓은 사실을 주목 해야 한다.

넷째, 상부 지휘구조 개편을 포기했다는 것이다. 상부 지휘구조 개편은 각 군 참모총장을 합참의장 지휘계선에 포함시키자는 것으로 천안함 피격과 연평도 포격 사건의 교훈과 한반도 전구의 특성,

지휘통일의 원칙 등을 고려하여 추진했던 것인데 그것이 뚜렷한 명분 없이 사라졌다. 특히 지휘구조 개편 시 판단기준은 정치권과 일부 예비역의 여론이 아니라 작전의 효율성이 되어야 한다.

이상 4가지를 제시했으나 가장 중요한 것은 모든 계획이 마찬가지이지만 목표와 방법과 수단이 균형을 이루어야 한다는 것이다. 그리하여 만약 수단이 가용치 않을 때는 가용 범위내로 목표와 방법을 조정해야 한다. 왜냐하면 그렇게 되었을 때 실천 가능한 계획이 될 수 있기 때문이며. 이것은 계획수립의 기본적인 상식이다. 국방개혁('14-'30)이 계획대로 추진되기 위해서는 수단인 예산이 관건이다. 계획대로 예산을 확보하던지 아니면 가용한 예산 범위내로 국방개혁의 목표와 방법을 조정할 필요가 있다. 이러한 것들을 주로 지적하고 있는 것이 현실이다.

8-2

국방력 강화와 방산비리 근절?

적에게 일격을 가할 수 있는 기본적인 국방력을 갖추기 위해서는 무기체계, 지휘계통 등에 대한 전반적인 파악과 점검이 필요하다고 본다. 또한 계속되는 방산비리와 관련하여 더 이상 군인에게 맡겨서는 안된다는 주장도 있다. 어떻게 생각하는지?

국방력-군 현대화

강한 군대가 되기 위한 군사력 건설은 국방의 기본적인 목표이다. 그러나 중요한 것은 국방예산이 관건이 된다. 금년도의 경우 국방비는 복지예산의 30% 수준인 37조 5천억 원이지만 이 중에서도 방위력 개선비는 불과 30%에 불과한 11조 140억 원 정도 밖에 안 된다.

이로 인해 국방개혁 추진이 어렵고 노후 장비의 무리한 수명 연장과 전력화 시기 지연 및 물량 조정이 불가피한 실정이다.

방산비리 척결

방사청 비리는 개인적인 견해이지만 국방 획득업무를 핵심축인 국방부로부터 독립된 행정기관으로 무리하게 분리한 자체부터가 문제라고 생각한다.

획득업무는 국방책임을 갖고 있는 국방부가 추진해야 할 과업이다.

즉 대통령 지침과 장관 감독 하에 합참의장과 각 군 총장이 수행해야 하는 핵심과업인 것이다.

그런데 그것을 방사청에서 수행하고 있기 때문에 장관은 남(방사청)이 사주는 무기로 싸워야 하는 입장이 된 것이다.

따라서 획득업무를 돌려줘서 방사청은 조달업무, 국방부는 정책과 예산업무를 그리고 각 군 총장은 사업관리 등으로 분담해야 투명성과 전문성, 그리고 효율성을 증대시킬 수 있다고 본다.

또한 방위사업 관리자의 전문성 제고도 중요하다. 공무원 증원과 투명성 향상 노력이 아니라 전문성에 기초한 인사관리체계가 정착되어야 한다고 생각한다.

09

통일정책

9-1

북한 체제의 붕괴 가능성?

북한체제의 존속 여부는 통일과 직관되는 중요한 요소라 생각하고 있다. 김정은 체제가 들어선 이후 북한체제의 지속성에 대한 의문이 계속 회자되고 있으며 오래 가지 못할 것이 지배적인 의견인 것 같다. 붕괴 가능성에 대해 어떻게 보는지?

북한체제의 붕괴 조짐

북한의 특성과 김정은의 권력 장악 등 북한 체제에 대한 논의는 많이 있지만 붕괴조짐에 대한 어떠한 정보는 없다. 그러나 북한체제는 통일의 핵심적 요소로 주목 대상이 될 수밖에 없다.

북한체제 특성(정치 · 사회적 측면)

북한체제의 붕괴 여부는 북한체제가 갖고 있는 몇 가지 특징들을 통해 짐작할 수 있다. 첫째, 북한은 나름대로 고유의 내구성을 갖고 있는 체제라는 것이다. 그렇기 때문에 사회 · 과학적인 예측을 초월하여 70여 년을 지속해왔고 김일성 사망 후에도 김정일은 안정적으로 통치 해나갔으며 앞으로 70여 년 이상 지탱 할 수도 있다.

둘째, 북한은 김 씨 일가에 의한 신정체제(神政體制)이다. 김 씨 일가는 神과 동격이며 그것을 받드는 교리는 유일사상 즉, 주체사상이다. 이처럼 주체사상으로 종교화된 국가이기 때문에 유훈통치까지 가능한 것이며 어떤 외부로 부터의 영향에도 쉽게 흔들리지 않는다는 것이다.

셋째, 북한은 3대 세습에 걸쳐 형성된 기득권층이 존재하고 있다. 이들은 대를 이어 충성하고 있으며 체제를 떠받드는 역할, 즉 체제를 지탱하는 버팀목 역할을 하고 있다.

넷째, 북한주민은 절대적 궁핍 속에 있기 때문에 판단능력을 상실함은 물론어려서부터 감시 · 통제, 우상화에 길들여져 있는 상태이다.

이상에서 언급한 바와 같은 특성들로 인해 저항능력을 축적할 수 있는 여건 형성이 아직은 안 되어 있는 상태로 판단된다. 이러한 특징들은 기존에 존재했던 공산권 국가와도 다른 독특한 것으로 붕괴에 대한 판단을 보다 신중하게 하고 있다.

북한의 붕괴가능성 여부는 우리에게 중요한 것이 사실이다. 그러나 그러한 상황이 도래했을 때 어떻게 할 것인가? 하는 것이 더욱 중요한 것이다.

9-2

통일이 과연 눈앞에 다가선 것인가?

연초 박근혜 대통령께서 말씀하신 "통일은 대박이다."라는 말이 요즘 화두가 되어버린 상태이다. 그러나 북한의 움직임을 보면 붕괴조짐이 있는 것도 아닌 것 같다. 그런데 왜 갑자기 통일준비가 시급한 것처럼 많은 사람들이 말하는 것인가?

한반도 통일 예측

통일이 언제 어떠한 방법으로 이루어 질 것인가? 하는 것을 어느 정도 예측 할 수는 있지만 그대로 이루어지는 것은 아니며 오히려 예측을 빗나가는 경우가 더욱 많다.

예로써 1989년 빌리브란트 서독 수상은 통일을 1년 남겨놓은 상태에서 "내 생애에 독일통일은 어렵다. 우리 보다는 한국이 먼저 될 것이다."하고 말한 바가 있으며 그해 서독 국민을 대상으로 한 여론조사에서도 56%가 30년 내 통일은 불가능 하다고 답했지만 그 이듬해 통일이 되었다.

북한 현실

북한의 대내외적인 정책을 보면 아직도 세계화 시대에 반하는 폐쇄 · 쇄국정책을 계속하고 있음은 물론 주민의 인권을 유린함으로써 세계 양심을 분노케 할 뿐만 아니라 핵과 미사일로 평화를 위협하고 있으며 세계에서 유례를 찾아볼 수 없는 기형적인 독재왕조 정치를 하고 있다.

즉 세계화 시대, 민주화 시대, 평화시대, 선진자유화 시대라는 도도한 세계사의 흐름에 역행하고 있는 것이다. 이것은 결국 하늘의 뜻을 어긴 것으로 과거에 존재했던 모든 국가들이 겪었던 과정을 답습 할 수밖에 없을 것이다. 결론은 "順天者興, 逆天者亡"이다. 하늘의 뜻을 순종하는 자는 흥하고 반하는 자는 망할 수밖에 없다. 그래서 통일을 준비해야 한다.

9-3

북한의 변화 가능성?

북한이 현재의 경제난을 해결하기 위해서는 통일보다 북한체제가 먼저 변해야 한다. 그러기 위해 북한이 스스로 개혁 · 개방정책을 추구해야 하는데 체제붕괴가 우려되기 때문에 채택하지 못하는 것으로 알려져 있다. 과거에 존재했던 공산국가와 무엇이 다른가?

북한체제의 변화 방법

북한체제의 변화는 2가지로 예상 할 수 있다. 하나는 연착륙(Soft Landing)이다. 이는 지도층들이 스스로 일어나 개혁 · 개방하는 것으로 이때는 후속하는 산업화 또는 민주화 등이 순조롭게 이루어지며 전쟁의 위협도 없게 된다.

또 하나는 경착륙(Hard Landing)이다. 이는 주민들에 의한 급변사태로써 폭력 · 방화 · 절도 등 무정부 상태가 되기 때문에 극심한 혼란과 무질서 상태가 발생하게 된다.

기존 공산주의 국가와 차이점

기존 사회주의(공산주의) 국가의 개혁 · 개방은 대부분이 현존하는 지배사상(이념)이 변화 되거나 기득권 체제가 약화되어 가능했다.

그러나 북한은 세습독재이기 때문에 기존의 수령절대주의와 선군주의를 대체할 실용적 이념 등장이 곤란한 상태다. 왜냐하면 만약 이를 포기하고 새로운 이념을 선택한다는 것은 아들이 아버지와 할아버지를 부정하는 결과가 되기 때문이다. 또한 북한은 3대 세습에 걸쳐 형성된 기득권층이 대를 이어 충성하고 있으며 이들은 자신들의 기득권을 해체하는 개혁 · 개방을 수용 할 수 없을 것이다.

이러한 점들을 고려할 때 경착륙에 더욱 비중을 두어야 할 것으로 보인다. 이처럼 실용적 이념등장과 지도층들의 변화가 곤란하다는 것이 기존 공산주의와의 차이점이 될 것으로 보인다.

9-4

통일국가의 형태 · 모습?

우리 한반도는 지정학적으로 강대국에 둘러싸여 있으며 이들의 영향을 받지 않을 수 없다. 통일된 대한민국이 자유민주주의도 좋지만 스웨덴과 같은 영세 중립국가가 되는 것도 고려 할 수 있는 것 아닌지?

한반도 현실

우리는 국토의 분단과 함께 사상적으로도 분단되어 있는 상태로써 사상적인 면에서 보면 남한은 인류의 보편적 가치에 충실한 자유민주주의를 채택하고 있지만 북한은 주체사상이라는 사이비 종교를 채택하고 있다.

또한 통일에 대한 관점도 상이하다. 우리는 흩어진 민족이 자유의사에 따라 하나가 되는 것을 통일로 보고 있으나 북한은 남한을 미제국주의 식민지이며 자본가와 관료에 의한 착취사회로 보고 있기 때문에 이것을 척결하고 남한에 인민정권을 수립한 후 북한과 합작하는 것을 통일로 보고 있다. 그렇기 때문에 남북한의 통일에 대한 접근전략도 각각 다를 수밖에 없는 것이다.

통일을 원하는 이유

우리는 위에서 언급한 것처럼 국토와 사상적으로 분단되어 있으며 언제 깨질 줄 모르는 불안전한 평화, 임시평화 상태인 것이다. 우리가 통일을 원하는 이유는 이러한 위협을 벗어나 영구평화, 완전평화는 물론 삶의 질을 향상시키기 위한 것, 즉 향상된 보편적 가치를 추구하기 위한 것이다.

통일국가의 최종 상태

그렇다면 어떤 체제가 통일을 원하는 이유를 충족시켜 줄 것인가?

그 체제가 통일국가의 모습이 되어야 한다. 삶의 질 향상, 즉 향상된 보편적 가치 추구를 보장하는 것은 아직까지는 자유민주주의 체제가 유일한 제도인바 헌법제4조에 명시된 바와 같이 자유민주적 기본질서에 입각한 통일이 되어야 한다.

간혹은 스위스와 같은 중립국가를 언급하는 경우도 있다. 그러나 중립은 비동맹을 의미 하는바, 강대국을 벗어나 균형외교를 구사하는 것은 실리적 측면에서도 적절치 않지만 지정학적으로도 중립을 유지하기가 매우 어려운 위치에 처해있다. 우리에게 중립국가는 올바른 선택이 아니라고 생각한다.

9-5

통일이 될 경우 경제대국이 될 수 있는지?

통일이 이루어질 경우 폭발적인 경제성장으로 경제대국이 될 것이라는 말들을 많이 하고 있다. 그러나 쉽게 이해되지 않는다. 세계경제는 어렵다 하는데 통일되었다 하여 우리만 특이하게 경제강국으로 발전할 수 있는 것인지?

세계적 현상

세계경제는 현재 공통적으로 상품을 팔 곳과 투자 할 곳을 찾기 어려운 상태이고 자원부족시대에 봉착해 있으며, 특히 세계화의 영향으로 미숙련 노동자를 찾아 개발도상국으로 자본이 이동하고 있다. 그렇기 때문에 저성장과 양극화 현상이 계속되고 있다.

남북한 여건

그러나 통일이 되었을 경우 남 · 북한이 갖고 있는 경제적 여건들을 종합 해볼 때 세계경제가 갖고 있는 문제점들을 해소시킬 수 있게 된다.

먼저 북한은 경제적으로 잠재적인 경제개발 대상지역이며 200~300여 종의 자원이 매장 되어 있고 저렴하고 똑똑하며 교육이 잘 된 양질의 노동력을 갖고 있다.

그런가 하면 남한은 자타가 인정하는 자본과 기술, 그리고 풍부한 경험을 갖고 있을 뿐만 아니라 글로벌기업이 포진해 있으며 아울러 한반도는 지정학적인 측면에서 아시아 물류의 최적지라는 조건을 갖고 있다.

이러한 남 · 북한의 경제여건과 한반도의 지정학적인 면을 고려 해볼 때 경제규모는 세계 6위, 국민소득(1인당)은 6만 2천불로 세계 2위, 경제력은 세계 4위가 될 수 있다고 골드만삭스 보고서는 설명하고 있다. 이런 것이 "통일은 대박이다."라는 논리를 뒷받침하는 것이다.

9-6

통일의 역사적 의미는?

“통일은 대박이다.”라는 말의 뜻을 헤아려 보면 대부분 그 이유를 경제적인 면에 초점을 두고 있는 것처럼 보인다. 그러나 우리의 역사를 뒤돌아볼 때 통일은 경제적 성과를 능가하는 엄청난 의미가 있다고 생각한다.

상의상보(相依相補)

경제가 발전하게 되면 정치 · 사회 · 문화 등 제반분야가 따라서 발전하게 된다. 즉 상의상보 하는 것이다. 이처럼 정치와 함께 경제도 국가 사회의 발전을 선도하는 역할을 하고 있다.

통일의 의미(역사적 측면)

우리는 세계에서 유일한 분단국가로 불완전한 임시평화 상태에 있다. 따라서 통일은 우리에게 영구평화를 주는 것이며 북한주민을 질곡에서 구출하는 의미를 갖게 된다.

또 하나는 한반도 역사 1300여년 만에 역사의 패러다임이 바뀌는 것이다. 한반도는 고구려 패망 이후(668년) 중국 · 일본 · 미국 · 소련의 변방으로 항상 을(乙)의 입장이었지만 통일이 되면 이러한 변방의 역사를 청산하고 세계의 중심으로 서게 되는 것이다.

그리고 지난 150년 동안의 시대적 과제인 근대적 국민국가를 비로소 완성하는 것이 된다. 해방 후 남한은 선진화와 민주화 과정을 거쳐 근대적 국민국가가 완성 되었으나 북한은 폐쇄적이고 세습적인 정치로 근대적 국민국가를 이룰 수 없었다. 따라서 통일되면 비로소 한반도 자체가 근대적 국민국가가 되는 것이다.

이처럼 경제발전과 더불어 정치 · 사회 발전은 물론 역사적 측면에서도 통일의 큰 의미를 찾을 수 있다.

9-7

통일비용을 어떻게 충당?

통일이 가져다주는 긍정적인 것도 있지만 통일비용이 천문학적이라는 이야기를 많이 하고 있다. 이 점에 대해 어떻게 생각하는지? 비용 때문에 통일을 반대하는 의견도 있는 것으로 알고 있다.

통일비용

통일비용은 위기관리 비용과 소득균등화 비용으로 구분 할 수 있다. 여기서 위기관리 비용이란 식량지원 및 구호 등에 소요되는 비용으로 초기에 단기적으로 소요되는 소규모비용이기 때문에 부담이 되지 않는다. 일종의 소비비인 것이다. 그러나 부담스러운 것은 소득균등화 비용이다.

소득균등화비용(투자비)

소득균등화비용은 남・북한이 소득격차를 동등하게 하는데 소요되는 비용으로 투자비에 해당하며 고정비가 아니라 정책 선택에 따라 달라지는 가변적인 비용이다.

한국경제원 연구결과('10년)를 보면 1인당 국민 소득 목표를 3,000달러로 하고 10년을 기간으로 할 때 소요되는 비용은 1570억 달러였고 7,000달러를 목표로 '15년을 설정 할 경우는 4710억 달러가 소요되었다. 이처럼 소득균등화 비용, 즉 투자비는 정책선 택의 문제이며 정책에 따라 달라지는 가변비용인 것이다.

또한 북한에 대한 투자는 남한의 큰 수요증대로 나타나 결국 남한의 소비 수요 증대에 기여하게 됨으로 결국 투자는 부담이 아니라 기회가 되는 것이다.

따라서 통일비용은 투자비인 동시에 정책선택에 따라 달라지는 가변비용인 것이다.

9-8

북한이 주장하는 고려연방제는 왜 반대하는가?

남·북한이 각각 주장하는 통일방안이 서로 다른 것으로 알고 있다. 북한에서 주장하는 통일은 고려연방제인데 우리는 이것을 반대하고 있다. 또 어떤 사람은 고려연방제든 아니면 다른 방식이든 통일되는 것이 중요하다고 주장하기도 한다. 고려연방제는 어떤 문제가 있는가?

북한의 통일방안

북한은 1990년대 들어서부터 "1민족 1국가 2정부 2제도에 기초한 고려민주연방공화국"을 주장하고 있다. 내용을 살펴볼 때, 통일형태는 "고려민주연방공화국"이라는 국호 아래 국가는 우선 하나로(1국가)하고 그 밑에 현재의 남·북한 정부와 제도(2정부2제도)를 그대로 두자는 것이다. 그리고 제도적 통일은 나중에 하자고 후대로 미루고 있다.

또한 통일의 선결조건으로 ①외세 의존정책 포기 ②미군 철수의지 표명 ③외국군대와의 합동군사연습 중지 등을 주장하고 있으며 통일의 3원칙으로 자주(주한미군철수/미국간섭배제), 평화(한국 군사력 현대화/군사연습중지), 민족 대단결(국가보안법 폐지/공산당 합법화)를 주장하고 통일이념으로는 주체사상을 내세우고 있다

동의할 수 없는 이유

북한이 주장하는 "1민족 1국과 2정부 2제도"라는 것은 존재 할 수 없는 통일방안이다. 그렇기 때문에 말은 통일을 주장하지만 실제로는 통일을 포기한 것으로 밖에 볼 수 없는 것이다. 또한 통일국가의 성격(비동맹)과 선결조건, 통일 3원칙, 통일이념 등을 볼 때 북한은 통일을 우리가 생각하고 있는 것과 달리 한반도 적화에 두고 있다는 것을 쉽게 파악할 수 있다. 이처럼 받아들일 수 없는 조건과 원칙 등을 제시하고 있기 때문에 그들의 주장에 동의할 수 없는 것이다.

우리가 통일을 원하는 것은 삶의 질을 향상시키기 위한 것이다. 따라서 통일 또한 그것을 보장해 줄 수 있는 통일이 되어야 한다. 통일은 되었지만 그것을 보장해주지 못한다면 통일의 의미는 찾을 수 없는 것이다. 무조건 통일이 중요한 것이 아니다.

9-9

주한미군 철수를 주장하는 이유?

북한에서는 분단 이후 지금까지 지속적으로 주한미군 철수를 주장하고 있으며 통일방안에서도 언급되고 있다. 이유는 무엇인가?

미국과 남한에 대한 인식

북한이 미국과 한국을 바라보는 인식부터 문제가 있다. 북한은 미국을 제국주의(강한군사력과 경제력으로 다른 나라를 식민지화하는 나라)로 보고 있으며 남한을 미 제국주의와 손잡은 자본가 및 관료에 의한 착취사회로 보고 있다. 따라서 북한이 주장하는 적화통일을 위해서는 이러한 미 제국주의와 자본가 및 관료들을 남한에서 축출(=혁명)하고 인민정권을 수립해야 한다는 것이다.

주한미군 철수 주장 이유

북한에서는 주한미군 철수를 두 가지 측면에서 주장하고 있다. 하나는 주한미군 철수를 제국주의의 철수로 연관시키고 있기 때문이며 또 하나는 주한미군이 철수할 경우 한반도를 무력으로 충분히 적화통일 시킬 수 있다고 보기 때문이다.

즉, 적화통일의 장애요소가 제거된 것으로 보는 것이다. 이러한 관점을 갖고 있기 때문에 주한미군의 철수를 지속적으로 주장하는 것이다. 또한 이러한 이유로 인해 주한미군이 철수하면 북한이 오판하여 남침할 수 있다는 논리가 성립할 수 있었다고 보여진다.

9-10

우리가 주장하는 통일방안은?

"통일은 대박이다."라는 말을 들으면서 통일의 당위성에 대해 생각하게 되었으며 우리가 너무 잊고 있었다는 반성도 하게 되었다. 우리가 제시하고 있는 통일방안은 무엇인가?

민족공동체통일방안

'89년 자주 · 평화 · 민주의 3원칙 아래 "한민족공동체통일방안"이 제시 되었으며 '93년 이를 보완 · 발전시켜 "민족공동체통일방안"을 제시하였는바 이것이 우리가 주장하는 통일방안이다. 그리고 이것은 하나의 민족 공동체 건설을 목표로 점진적이며 단계적으로 통일을 이루어 가자는 것으로 3단계로 구성되어 있다.

주요 내용

1단계는 "화해 · 협력" 단계로 남 · 북이 서로 현재의 체제를 인정 · 존중하고 평화적으로 관리하면서 그 토대위에 경제 · 사회 · 문화 등 각 분야의 교류를 통해 상호 적대감과 불신을 해소하자는 것이다.

2단계는 "남 · 북연합" 단계로 화해 · 협력 단계 에서 구축된 신뢰를 바탕으로 평화를 제도화하고 민족 공동체를 형성해 나가는 과도기로서 이 단계에서는 각기 대외적으로 주권을 행사하면서 민족공동체 형성과 통일준비를 위해 남북정상회의 · 평화회의 · 각료회의 등을 운영하자는 것이며, 3단계는 "통일 국가의 완성" 단계로 2단계에서 남 · 북한의회 대표들에 의해 만들어진 통일 헌법에 따라 민주적 선거를 통해 1국가 1정부 1체제의 자유 민주주의 국가를 이루는 것이다.

이처럼 우리 통일 방안은 점진적 · 단계적이며 자유민주주의를 지향하고 있다는 점에서 북한에서 제시하고 있는 통일방안과 구별되고 있다.

9-11

DMZ평화공원과 서해평화협력지대 차이?

DMZ 내에 평화공원을 설치한다는 보도를 보았다. 이것을 보면서 서해평화협력지대는 반대하면서 왜 평화공원을 설치하자고 하는 것인지 이해되지 않는다.

DMZ평화공원

DMZ평화공원은 UN 등 국제사회 참여하에 MDL을 기준으로 DMZ 내에 설치하는 것으로 설치 범위도 1KM 내외로써 가급적 남 · 북한 등면적을 고려하고 있는 것으로 알고 있다.

그렇기 때문에 군사적인 면에서 안정성을 보장 받을 수 있으며 남 · 북한 충돌이 발생하더라도 UN군의 참여하에 해결하게 된다. 그리고 활용 측면에서도 남 · 북한 주민들과 세계인에게 개방하여 자유로이 출입토록 하자는 것이다.

공동어로구역 및 평화수역

공동어로구역 및 평화수역은 북측 주장에 의하면 NLL이남 지역에 설치하자는 것이다.

즉 우리 측 영해 지역에 설치하자는 것으로 DMZ평화공원과 비교한다면 MDL 이남 지역에 설치하자는 것과 같은 것이다. 이것이 MDL을 기준으로 가급적 남 · 북 등면적을 고려하고 있는 평화공원과 큰 차이점이다.

9-12

남 · 북한 통일방안이 헷갈린다

남 · 북한에서 각자 주장하는 통일방안이 다른 것으로 알고 있다. 무엇이 다른 것인지? 특히 우리가 주장하는 연합제와 북한의 주장하는 낮은 단계의 연방제가 공통점이 있다는 것은 무엇을 말하는 것인지? 1개 국가를 지향한다는 점에서 보면 연방제 통일방안이 적절한 것 아닌지?

남 · 북한 통일방안 차이점

북한이 주장하는 "고려민주연방공화국"은 명칭속에 숨겨져 있는 내용과 의미 그리고 부가적으로 주한미군 철수 등 강조하고 있는 것들을 주의깊게 살펴 볼 필요가 있다.

이는 완전한 통일을 이루기 전에 일단 ①국가는 하나로 하고, ② 그 밑에 현재와 같은 2개의 남 · 북정부와 2개의 체제(연방)를 두고 제도적 통일은 후대에 맡기자고 하면서 선결조건을 제시하고 있는 것이 특징적이다.

만약 이렇게 될 경우에는 1개 국가 밑에 어느 한쪽 정부만을 지지하는 한미동맹 · 국가보안법 등은 존재하기 어렵게 되며 특히 북한의 先혁명에 해당하는 선결조건은 곧 남한을 무장해제 시키겠다는 내용들로 망라되어 있는바 우리가 생각하는 통일과는 상당한 거리가 있음을 알 수 있다.

남한의 통일방안은 남과 북이 현존하는 체제를 인정하는 상태에서 화해 · 협력의 기반을 다지고 그 위에서(연합) 남 · 북한 대표들을 구성하여 통일헌법 등을 만들고 민주적 절차에 따라 남 · 북자유총선거를 실시하여 국가통일을 이루자는 것으로 점진적 · 단계적 · 민주적이라는 것이 차이점이다.

간혹 북한은 1개 국가를 지향하는 것이고 남한은 2개국, 즉 연합제를 주장하는 것이기 때문에 통일이라는 측면에서는 북한이 맞다고 말하는 경우가 있으나 우리가 지향하는 것도 결국에는 1개 국가인 것이다. 연방제와 연합제는 통일국가의 최종상태가 아니라 통일과정을 말하는 것인데 이러한 내용들에 대한 몰이해에서 비롯된 것이다.

안보교육 중 받은 질문과 답변들!

국가안보의 핵심을 말한다

10

북한, 주체사상의 허구성

10-1

북한에 대한 관점?

북한을 동족으로 보아야 한다고 생각한다. 그리고 그들은 통일을 함께 해야 할 대상이 된다. 그러면서 적으로 보기도 한다. 북한을 어떻게 봐야 하는지?

북한에 대한 이중성

북한은 현실적인 면에서 볼 때 안보 위협세력이면서 통일을 함께 하기위해 포용해야 하는 대상이다. 또한 헌법적인 면에서 보면 불법 집단이 점거한 미수복지역 이며 동시에 화해 · 교류 · 협력해야하는 지역이고 법률적면에서 보면 국가 보안법이 적용 되면서 교류 협력법이 적용되는 대상이 되고 있다.

이처럼 이질적인 요소가 서로 상충되고 있는 것이 현실인바 북한에 대한 관점도 세분화하여 이중적인 방법으로 접근할 필요가 있다.

북한에 대한 관점

북한 주민과 북한군 그리고 북한 정권을 하나로 묶지 말고 나누어 보자. 그러면 북한 주민은 동족으로서 통일을 함께 해야 하는 대상으로 식별된다. 반면 북한군과 북한정권은 한반도 적화를 목적으로 하고 있을 뿐만 아니라 실제 지금도 도발을 통해 위협을 계속 하고 있기 때문에 적(敵)으로 식별될 수밖에 없다. 따라서 북한 주민 · 북한군 · 북한 정권으로 분리해서 접근하는 것이 현실적이고 합리적이라 생각한다.

우리가 적으로 생각하고 경계하는 대상은 북한정권과 북한군이지 북한주민을 적으로 보는 것이 아니다.

10-2

북한의 한반도 적화에 대한 근거?

북한 정권이 한반도 적화를 목표로 하고 있다는 것을 부정하는 것은 아니다. 그러나 보다 확실한 근거를 제시한다면 설득력 있는 교육이 될 것 같다.

북한 정권의 목표

북한 정권이 지향하는 목표가 "한반도 적화" 라는 것은 관련 문헌 외에 지금까지의 수사적 위협을 비롯한 각종 도발과 대남 전략전술을 통해서도 알 수 있다.

관련 근거

한반도 적화라는 목표가 분명하게 언급되고 있는 문헌으로써는 '09년 4월에 수정된 "사회주의 헌법"과 '10년 9월, 30년 만에 개정된 "노동당 규약"그리고 '13년 6월 약 40년 만에 개정된 "유일사상 10대 원칙" 등이며 이러한 문헌들을 살펴보면 한반도 적화가 그들에게는 불변의 진리라는 것을 쉽게 알 수 있다. 실제로 개정된 노동당 규약만 보더라도 최종목적이 "온 사회의 주체사상화와 공산주의사회 건설"에서 "온 사회의 주체사상화와 인민대중의 완전한 자주성 실현"으로 바뀌었을 뿐 대남적화 노선을 그대로 유지하고 있으며 달라진 부분은 "사회주의 완전한 승리"가 "사회주의 강성대국 건설"로 변경된 것뿐이라는 것을 알 수 있다.

이처럼 그들의 적화야욕은 그들이 금과옥조(金科玉條)처럼 여기는 문헌 속에서 확실하게 명시되어 있기 때문에 그것을 근거로 적화야욕을 비난하는 것이지 우리가 반대하기 때문에 말하는 것이 아니다.

10-3

주체사상이란?

몇 일전 000방송(종편)에 국회의원을 했던 사람이 진행하는 프로그램에서 주체사상에 대해 설명하는 것을 들었다. 김일성의 생각이 바로 주체사상이라고 짧게 설명했다. 그러한 논리는 무엇인가?

주체사상 해설

노동신문 등에서 주체사상을 설명한 것을 보면「자주적 · 창조적으로 사고 한다는 것은 자기수령의 사상과 의지대로 사고하고 당 정책과 노선이 가르치는 대로 따르는 것이다」라고 정의하고 있다. 즉 김일성(김정일)과 노동당의 지시대로 행동하는 것이 자주적이며 창조적인 것이라는 것이다.

이것을 다시 정리해보면 북한 인민 · 대중은 자주적 · 창조적으로 생각할 수 있는 능력이 없고 그것은 오로지 김일성과 노동당만이 가능하기 때문에 북한인민은 무조건 거기에 복종해야 하며 그것이 바로 자주적이고 창조적인 것이라는 것이다. 다시 말해 김일성과 노동당의 사상과 의지가 바로 자주이며 창조라는 것이다.

북한에서의 주체(主體)

또한 북한에서의 주체(主體)는 인민이 아니고 김일성(김정일)이라는 것과 그리고 "사상(思想)"이란 어떤 사물에 대하여 가지고 있는 구체적인 사고나 생각을 말하는 것인바 "주체사상"은 곧 "김일성의 생각(思考)"이 될 수밖에 없는 것이다.

개인적으로 그 말에 동의하며 주체사상을 아주 쉽고 짧게 핵심적으로 표한한 말이라고 생각한다.

10-4

북한판 "재스민혁명"은?

튀니지에서 시작된 재스민혁명('10~'11년)은 쿠테타가 아니었다. 민중 봉기로 독재정권을 무너뜨린 것이다. 그리고 이것은 이집트, 예멘, 시리아, 이라크 등으로 확산되고 있다. 북한에서의 가능성은?

재스민혁명

튀니지의 국화가 재스민 이라는 것에 착안하여 튀니지의 민중혁명('10~'11년)을 재스민 혁명이라고 명칭을 붙인 것이다. 결과적으로 이 혁명은 도미노 현상처럼 인근 국가로 확산되는 계기가 되었고 이것을 보고 이러한 현상이 북한에서도 발생하기를 기대하는 사람들이 있었던 것도 사실이다.

북한에서의 가능성

재스민혁명이 발생하기 위해서는 여건이 형성되어 있어야 하는데 북한은 아직은 그렇지 못한 것으로 판단된다. 이유는 우선, 북한은 완전 폐쇄사회이기 때문에 주민들이 국제사회의 움직임을 전혀 파악할 수 없다는 것이며 또 하나는 북한주민은 어려서부터 감시·통제·우상화에 길들여져 있기 때문에 자신들의 부정적인 현실에 대한 비판능력이 없고 마지막으로 북한은 절대적인 궁핍사회로서 자신의 부당한 상태에 대한 판단능력이 상실되어 있기 때문이다.

따라서 북한판 재스민혁명의 기대는 아직은 시기상조이며 성급한 것이라 판단된다. 그렇지만 경제·인권문제 등이 보다 향상된다면 가능성은 제고될 것으로 보인다.

현재 확산되고 있는 핸드폰이라든가 장마당 등도 중요한 요인으로 작용될 것으로 생각한다.

10-5

학교에서 계급투쟁을 가르친다?

최근 보도된 기사('11. 5. 19. 00일보)를 보면 "5 · 18 교육 자료에 등장한 마르크스"라는 제목 하에 「계급철폐, 식민지배자와 피지배자간의 불평등, 식민지 해방운동」 등의 용어가 등장하고 있다. 학교에서 학생들에게 이런 것을 가르친다는 것이 말이 되는가!

계급투쟁

계급철폐는 계급투쟁과 같은 의미로 마르크스 혁명론의 중심적 역할을 하고 있다.

이 논리에 의하면 인류 역사발전은 가진 자와 못가진 자 간의 대립과 투쟁(계급투쟁)을 통해 발전하는데 자본주의에서의 대립은 빈부격차 현상으로 나타나며 이것의 해결은 말(평화적)로서는 불가능하며 피착취계급의 폭력혁명에 의해서만 가능하다는 것이다.

허구성

선진국 일수록 노사(가진자-못가진자, 부르주아-프롤레타리아, 착취자-피착취자)간의 문제는 평화적 방법으로 해결하고 있으며 폭력은 어떤 이유로도 정당화 될 수 없고 인류역사는 치열한 계급투쟁(못가진 자의 폭력투쟁)으로 발전하는 것이 아니라 과학기술과 이념·사상 등에 의해 발전하는 것이다.

이 논리를 비롯한 마르크스-레닌이즘은 이미 허구성이 입증된 철지난, 즉 용도폐기 된 논리로 이것을 지금 이 시대에 학교에서 5·18과 관련하여 교육한다는 자체도 문제이지만 5·18정신을 크게 훼손하는 것이 될 수도 있다고 생각한다.

계급투쟁도 그렇지만 공산주의와 관련된 논리들이 하나같이 그럴듯하게 구성되어 있다. 그래야 설득시킬 수 있기 때문이다. 그러나 그럴듯하게 보이는 것과 현실은 다른 것이다.

10-6

"공산주의는 파악이 안돼… 사회주의 한 번 제대로 해 보겠다"의 뜻은?

얼마 전 북한에서 사회주의 헌법이 수정되었는데 김정일이 "공산주의는 파악이 안돼… 사회주의 한 번 제대로 해 보겠다."라고 말했다는 기사('09. 9. 29. 00일보)가 나왔다. 몇 번에 걸쳐서 기사 내용을 읽어 보았지만 잘 이해가 되질 않는다. 무슨 말인지?

보도 내용(기사) : "공산주의 파악이 안된다."

"공산주의 파악이 안된다."의 의미

공산주의는 자본주의 국가에서 착취계급과 피착취계급간의 폭력적인 치열한 계급투쟁에 의해 착취계급이 무너지고 피착취계급이 승리함으로써 계급이 철폐된 (계급이 하나뿐인)사회가 올수 있는데 미국이 착취계급의 중추적 역할을 하기 때문에 착취계급을 무너뜨릴 수가 없고 그로 인해 한반도 공산화를 이룰 수 없다는 것을 우회적으로 표현한 것이다. 즉 미국을 끌어들여 공산주의 사회가 불가함을 설명하고 있는 것이다.

미국을 끌어들인 논리의 모순

이 논리는 다음과 같은 문제점을 갖고 있다. 첫째, 공산주의 논리에 의하면 결국 공산주의는 자본주의 국가 내에서 경제 문제로 생산수단을 보유한 착취계급과 피착취계급간의 투쟁에 의해 공산주의가 도래한다고 하였다. 그런데 여기에, 즉 국내문제에 미국을 끌어들였다는 것이다. 그 이유가 만약 경제라면 현재 무역거래도 중국과의 교역이 미국을 훨씬 앞지르고 있기 때문에 적절한 이유가 될 수 없다.

둘째, 백번 양보하여 미국이 관여하고 있는 남한에서는 파악이 안된다 할지라도 이미 공산화된 북한에서는 공산주의(=이상사회)가 파악(완성)이 되어야 한다.

그러나 북한이 더욱더 파악이 되지 않고 있는 것이 오늘날의 현실이다.

결국 이러한 논리는 마르크스-레닌이즘을 북한의 현실에 맞게 인위적으로 그때그때 해석하고 적용하고 있다는 것을 스스로 증명해준 것이다.

보도 내용(기사) : "사회주의 한 번 제대로 해보겠다."

김정일이 언급한 사회주의

사회주의를 2가지로 분류할 수 있다. 하나는 현재 유럽의 대부분 국가에서 표방하고 집권까지 하고 있는 자본주의 정책과 사상이 혼합된 사회주의가 있으며 또 하나는 러시아 혁명과 함께 70여년 시행된 레닌, 스탈린식 사회주의가 있는데 아마 김정일은 후자 쪽의 사회주의를 언급한 것으로 보인다.

왜냐하면 자본주의 정책과 사상이 혼합된 유럽의 대부분 국가에서 표방하고 있는 사회주의를 하기 위해서는 김정일이 주체사상을 포기하고 개방정책을 추진해야 하기 때문이다.

레닌과 스탈린의 사회주의는 자본주의 국가에서 착취계급과 피착취계급간의 계급투쟁에서 피착취계급이 승리했다하여 곧바로 공산주의(능력에 따라 일하고 필요에 따라 분배 받는 사회)가 오는 것이 아니고 일단은 전환적이고 과도기적인 낮은 단계의 공산주의를 거쳐야 하는데 이것이 바로 사회주의(능력에 따라 일하고 노동에 따라 분배 받는 사회)라는 것이다.

"사회주의 한 번 제대로 해보겠다."의 모순

결국 이 말은 북한이 소위 그들이 말하는 대로 무계급사회(계급이 하나인 사회)가 된지 60여년 이상이 경과 했는데 아직까지도 낮은 단계의 공산주의(사회주의)마저 이루지 못했기 때문에 "사회주의 한 번 제대로 해 보겠다."고 말한 것으로 볼 수밖에 없다.

낮은 단계의 공산주의, 즉 사회주의란 각종혁명과 개혁을 통해 자본주의 체제를 무너뜨리고 공산주의 체제를 완성시켜가는 과도기적 체제를 말하는 것인데 아직도 그것을 못했다는 것은 어불성설에 불과한 것이다.

소결론

"공산주의는 파악이 안돼… 사회주의 한 번 제대로 해 보겠다." 운운하는 것은 결국 남·북한의 현실을 고려한 논리개발의 필요성이 제기 되었던바 남·북한 주민을 묶어 피착취계급으로, 미국과 남한의반공·보수 세력을 묶어 착취계급으로 하여 서로 대립(계급투쟁)시켜 계급이 하나뿐인 사회(무계급사회, 피착취계급의 사회)가 되어야 하는데 피착취 계급에 속해 있는 미국 때문에 공산주의가 불가하다는 그들만의 계급투쟁 논리를 만들어 남북한 현실을 설명하고 있는 것이라고 생각한다.

10-7

유일사상 10대 원칙?

북한에서 올해 6월 달에 유일사상 10대 원칙이라는 것을 발표한 내용을 인터넷을 통해 보았다. 댓글을 보니까 10계명을 모방한 것 같다는 의견도 있었다.

유일사상 10대 원칙

유일사상 10대 원칙은 39년 만에 개정된 것으로 김정일을 김일성과 나란히 표기하여 동급으로 격상시켰고 정권세습을 명분화했다는 것이 특이한 점이다. 그리고 기존에 표기되어 있던 “사회주의”와 “공산주의”라는 용어대신 “주체혁명”이라는 단어로 대체 되었는데 이것은 수령 독재를 더욱 공고히 하겠다는 의도로 보인다.

북한을 김일성(김정일)이 교주인 주체사상이라는 종교를 신봉하는 집단 이라고 표현하는 이유는 주체사상만이 통용되고 그 사상이 북한 사회 전체를 지배하고 있기 때문인데 유일사상 10대원칙은 북한이 철저한 종교집단이라는 것을 서류로 증명해주고 있는 것이나 마찬가지이다.

노동당의 유일사상체계 확립의 10대 원칙(요약)

1. 김일성동지의 혁명사상으로 온 사회를 일색화하여야 한다.
2. 김일성동지를 충성으로 높이 우러러 모셔야 한다.
3. 김일성동지의 권위를 절대화하여야 한다.
4. 수령님의 교시를 신조화하여야 한다.
5. 교시 집행에서 무조건성의 원칙을 철저히 지켜야 한다.
6. 김일성동지를 중심으로 하는 전당의 사상의지적 통일과 혁명적 단결을 강화하여야 한다.
7. 김일성동지를 따라배워 공산주의풍모와 혁명적 사업방법을 소유하여야 한다.
8. 수령님의 크나큰 정치적 신임과 배려에 충성으로 보답하여야 한다.
9. 김일성동지의 유일적 령도밑에 전당, 전국, 전군이 한결 같이 움직이는 강한 조직규률을 세워야 한다.
10. 김일성동지께서 개척하신 혁명위업을 대를 이어 끝까지 계승하며 완성하여 나가야 한다.

이상 10가지를 종합해보면 결국 “나”외에 다른 “신(神)”은 섬기지 말라는 것이나 다름없는 것이다.

10-8

식민지와 자주국가?

효선이와 미선이를 추모하는 행사가 올해도 여러 곳에서 진행되었다. 북한에서도 이와 관련하여 미국과 우리나라에 대한 비난을 계속하고 있다. 북한에서는 미국을 제국주의라 호칭하고 있으며 대한민국은 미국의 식민지이고 북한은 미국에 대항하는 자주국가임을 강조하고 있다. 또 일부에서는 그러한 주장에 동조하기도 한다.

제국주의와 식민지

제국주의란 특정 국가가 다른 나라 · 지역 등을 군사적 · 정치적 · 경제적으로 지배하려는 정책. 또는 그러한 것을 목적으로 하는 사상을 가리킨다. 그러나 북한은 미국이 한국의 전시작통권을 갖고 있다는 것과 한국 경제가 미국에 대한 의존도가 높다는 것을 근거로 "미국은 제국주의"이며 "한국은미국의 식민지"라고 주장하는 것이다.

전시작전권은 미국이 갖고 있는 것이 아니라 한국군과 미군으로 이루어진 한 · 미연합사가 갖고 있는 것이며 동맹국간에는 연합사령부가 존재하기 마련이고 그 연합사령부에서 작전통제권을 행사하도록 되어 있다. NATO 회원국들도 마찬가지이다.

미국이 한국의 중요한 무역 대상국이며 한국 경제에 미치는 영향이 큰 것은 사실이다. 그러나 지금은 중국이 한국의 최대 무역 대상국이다. 논리대로라면 한국 경제가 중국에 종속 되었다고 봐야 하는 것이다. 따라서 이 논리 역시 근거가 될 수 없는 것이다.

자주국가

주민들의 의식주 해결도 못하고 이마저 국제사회에 도움을 요청해야 하는 북한을 자주국가라고 말할 수 없다. 실제로는 세계에서 가장 비자주적인 국가인 것이다.

21세기는 세계화시대로 국제사회와 함께 해야 한다. "폐쇄"는 "자주"가 아니다.

10-9

정의의 전면 전쟁이란?

얼마 전 신문에 보도(00일보 / '09년 8월 17일)된 것을 보면 8월 17일부터 실시된 을지연습을 핵전쟁연습이자 침략전쟁이라고 비난하면서 정의의 전면전쟁으로 대응할 것이라고 주장하고 있다. 정의의 전면 전쟁이란 무엇인가?

전쟁에 대한 구분

그들은 전쟁을 정의의 전쟁과 부정의 전쟁으로 구분하여 설명하고 있다. 그들의 논리에 의하면 정의의 전쟁이란 일명 선진계급의 전쟁이라고도 표현하고 있으며 계급적 해방(가진자, 즉 지배자로부터의 해방)과 민족적 해방(제국주의 억압에서 해방)을 위한 전쟁이라는 것이다. 그러니까 정의의 전면전쟁이란 계급적 · 민족적 해방을 위해 전면전쟁을 불사하겠다는 것이다. 부정의 전쟁이란 일명 반동계급의 전쟁이라고도 하며 계급적 · 민족적 억압을 위한 전쟁이라고 정의하고 있다.

정의의 전쟁과 부정의 전쟁

위에서 설명한 것을 분석하면 결국 정의의 전쟁이란 6 · 25 당시 김일성이 인민들을 독려하는 육성방송을 통해서도 정의의 전쟁이라는 용어를 사용했던 것처럼 자기들이 주체가 되어 수행하는 전쟁을 말하는 것으로 정당한 전쟁이라는 것이다. 반면 부정의 전쟁이란 그들이 말하는 제국주의자들이 일으키는 전쟁으로 이것을 침략전쟁으로써 부당한 전쟁이라는 것이다. 그러나 이러한 논리는 이미 지구상에서 사라진 레닌의 전쟁관에서 비롯된 것들이며 이것을 지금도 그들이 사용한다는 그 자체가 아직도 마르크스-레닌주의를 벗어나지 못했다는 것을 증명해 주고 있는 것이다.

10-10

북한의 선군정치와 강성대국?

올해('10년) 신년공동사설에도 강성대국을 강조하고 있다. 선군정치와 강성대국의 뜻과 이것을 강조하는 이유가 무엇이지?

선군정치(先軍政治)

선군정치는 북한정권의 통치수단으로 군이 앞장서서 북한의 정치뿐만 아니라 경제 · 사회 · 건설 · 예술 등 제 분야의 과업들을 끌고 가는 것이다. 이것은 김일성 사망 이후 계속된 경제난과 외교적 고립 등을 타개하고 사회통제를 강화하기 위한 것으로 이를 통해 북한 사회 전체가 군대식으로 변화되고 군대가 북한 전체를 유지해나가는 핵심이 되고 있는 것이다.

강성대국(强盛大國)

강성대국이란 문자 그대로 강한국가 즉 "풍요롭고 강한나라"라는 뜻으로 이러한 국가가 되기 위해서는 정치 · 사상과 군사, 그리고 경제 분야에서 강국이 되어야 한다는 것이다. 이와 관련하여 그들은 정치 · 사상과 군사 분야에서는 이미 강국이 되었으므로(정치 · 사상 강국, 군사강국) 지금은 그것을 바탕으로 경제 분야를 발전시켜 경제 강국을 이루어야 한다고 주장하고 있다.

이것은 김정일 등장 이후 계속된 경제난과 민심악화 등을 타개하고 민심수습과 경제발전을 위해 제시한 것으로 이것을 실천하기 위한 방법으로 자력갱생을 강조하고 있는데 현재의 세계화 시대에 반하는 폐쇄적인 방법으로는 불가능할 수밖에 없다.

11

기타

11-1

평화유지 방안?

우리는 항상 북한의 위협 상태에서 평화를 걱정하고 살아가고 있다. 언제까지 이런 상태에서 지낼 것인가? 이 땅에 평화를 정착시키는 방법 또는 북한의 위협으로부터 벗어나는 길은 무엇인가? 햇볕정책을 말하는 사람들도 있다.

현 상태

우리는 60여년 이상 임시평화, 불완전 평화 상태가 계속되고 있다. 북한의 수사적 위협이 우리의 주식 시장에 영향을 미치기도 한다. 마치 언제 터질지 모르는 죽음의 검은 풍선을 머리 위에 이고 있는 상태처럼 느껴지기도 한다.

평화 정착

"평화"라는 것은 조약 · 협정 · 각서 등이 대신해주는 것이 아니다. 그러한 것들은 결국 언젠가는 깨지게 되어 있다. 결국은 상대방이 넘보지 못할 정도의 힘과 힘을 사용하겠다는 의지가 평화정착의 관건이다.

만약 북한이 도발 할 경우 '남한에서 반드시 응징할 것이다.'라는 확신을 북한이 갖고 있었다면 천안함 피격, 연평도 포격도발 등은 없었을 것이다.

지금 현시점에서 이 땅에 평화 정착을 위한 주요 과업은 북한 보다 절대적 우위의 군사력 건설과 적 도발 시 전쟁을 불사할 지라도 분명하게, 그리고 시간에 관계없이 강력하게 응징해야 한다는 국민적 공감대 형성과 실천의지라 생각한다.

"응징은 전쟁으로 연결되는 것 아니냐?"하는 겁부터 내는 태도는 북한의 또 다른 도발을 불러올 수밖에 없다. 북한의 도발로 확인될 경우 경과시간에 관계없이 반드시 응징해야 한다는 국민적 공감대 형성을 북한정권은 가장 겁낼 것이며 그것이 북한의 위협에서 벗어나는 지름길이라 생각한다.

11-2

전쟁 수행 능력?

세월호 사태('14. 4. 16.) 발생 시 구조작업과 일련의 조치들을 보면서 '이 나라가 이 정도 밖에 되지 않는지?'하고 많은 국민들이 걱정했다. 과연 북한이 쳐들어온다면 전쟁 할 수 있는 나라인지 걱정하지 않을 수 없다. 우리의 전쟁 수행 능력은?

리더의 책임

모든 조직의 長(리더)은 조직의 규모에 관계없이 항상 최악의 경우를 염두에 두고 미리 대비책을 강구해 나가야 한다. 그러나 이번 세월호 사태가 발생 했을 때 해당 선사는 말할 것도 없고 관련 부서에서 조차 이러한 기본을 제대로 지키지 않았다.

즉, 조직의 책임자인 리더가 있을 수 있는 상황을 예측하고 평상시부터 훈련하는 등의 대책이 대단히 미흡했기에 무능한 모습을 보일 수박에 없었던 것이다.

전쟁 수행 능력

북한의 남침에 의한 한반도 전쟁에 대비한 연습은 수많은 상황을 설정하여 수십 년 째 정부주도로 실시해 오고 있으며(UFG) 이를 통해 전쟁 수행 능력을 향상시켜 나가고 있다. 그 결과 상당한 수준에 있으며 자신감도 갖고 있다. 또한 한반도 전쟁 시에는 한국군과 미군이 연합으로 작전을 수행 하도록 되어 있으며 세계 최강의 연합작전 수행능력을 보유하고 있다.

따라서 예기치 못한 사고발생에 아무런 대비책도 사전에 강구하지 못한 사고 처리 과정과 정부의 전쟁 수행능력을 비교하는 것은 심정은 이해가 되지만 적절치 않은 비교이다.

11-3

군의 사명과 역할?

세월호 사태('14. 4. 16.) 가 발생했을 때 구조하는 모습을 보고 실망하지 않을 수 없었다. 군대가 적극적으로 나섰다면 상황은 달라질 수도 있었다고 본다. 왜 군대가 적극적으로 개입하지 않았는지? 군의 미온적인 모습이 국민의 한 사람으로서 매우 아쉬웠다. 군대의 당연한 업무가 아닌지?

지휘관계 설정

군사작전도 마찬가지이지만 재난 · 재해 발생 시 수많은 기관과 분야에서 참여 하게 된다. 이때 작전(구조 · 복구 작업)의 효율성 측면에서 가장 중요한 것이 주도 · 지원 관계를 설정해 주는 것이다. 이것은 일종의 지휘 · 협조 관계를 맺어주는 것으로 기본적인 것이다. 이것이 안 되면 우왕좌왕할 수밖에 없다.

그리고 이러한 주도 · 지원 관계를 설정함에 있어서는 주무부서가 나서서 해야 한다. 그러나 주무부서가 능력이 안될 때는 상급기관에서 그 관계를 설정해 줘야 하는데 초기 구조 단계에서 이러한 모습이 보이지 않았다.

군이 미온적으로 비춰졌다면 그것은 능력부족의 문제가 아니라 주무부서도 아니고 주도적 위치에서 임무를 수행하도록 지휘 관계 설정도 안되었기에 그렇게 보일 수밖에 없었다고 생각된다.

국군의 사명과 역할

이번 세월호 사태에서 군의 개입은 2가지 측면에서 지극히 당연한 것이었다.

하나는 군의 임무와 사명 즉, 군 본연의 역할이 라는 측면이다. 이번처럼 국민의 생명과 재산을 보호하기 위한 활동은 군의 역할과 사명에 해당 하는 것으로 부과적인 일이 아니며 군대의 존재 이유를 실천하는 것이다.

또 하나는 교리적인 측면이다. 군사작전은 크게 4가지로 분류하고 있는바, 그것은 전면전 시 지상 작전(공격 방어 등)과 국지전시 지상작전(국지도발 대비 작전, 비전투원 후송 작전 등), 평화작전(평화 유지 작전, 평화 강제 작전 등), 평시작전이다. 평시작전은 국민의 생명과 재산을 보호하고 국가 정책을 지원하기 위한 것으로 국가 재난 복구 지원, 국민 편익 증진지원, 대민지원 등이 여기에 해당 되는 것이며 세월호 사태에서 군이 투입되어 임무를 수행해야 하는 근거가 되는 것이다.

간혹 군부대의 대민지원 · 재해 복구 등을 보면서 군 본연의 임무보다는 다른 곳에 치중한다는 비난도 있다. 차제에 군은 물론 모두에게 이러한 지원활동이 군 본연의 임무라는 올바른 개념이 정립되었으면 하는 바람이다.

11-4

일본의 집단적 자위권?

일본의 집단적 자위권과 관련하여 국회에서까지 우려하고 있다. 집단적 자위권이 무엇이며 우리가 왜 걱정을 하는 것인지?

집단적 자위권

집단적 자위권이란 자국과 동맹 등 밀접한 관계에 있는 타 국가가 외부로부터 무력공격을 받은 경우 그것을 자국에게도 위해하는 것으로 보고 이에 대항하여 방위행동을 취할 수 있는 권리로 UN헌장(제51조)에서도 인정하고 있다.

이는 현재 논란이 되고 있는 일본과 미국은 물론 한 · 미동맹에 따라 한국과 미국관계에서도 성립 되는 것이다.

유사시 한반도 개입

일본의 집단적 자위권 논란과 관련하여 일본이 평화헌법의 기본이념을 준수하면서 역내 평화와 안정에 기여하는 방향으로 투명하게 이루어지기를 바라고 있는 것이 우리의 기본입장이다.

한반도 유사시 일본자위대의 군사 개입은 우리 국회의 동의가 필요한 것이기 때문에 불가하며 일본이 이것을 주장하는 것은 잠재적인 적국과의 충돌을 염두에 둔 것으로 이해된다.

11-5

방공식별구역과 이어도?

최근 매스컴의 보도를 보면 중국과 일본은 물론 우리 대한민국까지 영공분쟁을 하고 있다는 것을 느끼게 된다. 방공식별구역은 무엇이고 왜 중첩되는지? 이어도가 왜 우리 영토인지?

방공식별구역

방공식별구역은 영공방위를 위해 자국의 영공으로 접근하는 비행물체를 확인하고 위협을 평가하기 위해 설정하는 것이다.

이것은 영공과 별개의 개념으로 그 의미와 한계에 대한 국제법적 정의는 없는 상태이다. 그렇지만 국가안보 목적상 현실적으로 미국 · 일본 · 프랑스 등 20여 개 국이 설정하여 운용하고 있다.

현재 일부지역이 한국 · 중국 · 일본의 방공식별구역과 중복되어 있는데 신뢰증진과 긴장완화를 위해 협의가 필요한 실정이다.

이어도

이어도는 수중암초(수심4.6m)로 UN해양법협약 상 어느 국가도 영토로서 법적 지위를 갖지 못하도록 되어 있다.

그러나 우리는 이어도에 종합해양과학기지를 건설('03년)하여 실효적으로 지배하고 있으며 관할권을 갖고 있는 상태이다.

따라서 이어도는 영토 차원이 아닌 주변 수역의 관할권 차원에서 접근해야 한다.

11-6

병역복무기간 단축?

최근 군에서 발생하고 있는 잇단 사고('14. 6. 윤일병 사건)와 관련하여 인터넷 포털에 들어가 보니 우리나라의 의무복무기간이 북한보다는 짧지만 상위 수준이었다. 타이완도 1년 밖에는 되지 않는다. 병역복무기간을 줄이고 병력도 줄여야 한다.

병력 소요

국방과 관련하여 "어느 정도의 병력을 유지 할 것인가?" 하는 것은 대치하고 있는 적과 임무 등 임무변수와 작전변수, How to Fight? 등을 고려하여 결정하고 유지하는 것이다. 근거 없이 판단하고 유지하는 것이 아니다.

병역 복무기간은 작전을 수행하기 위해 항상 유지해야 하는 적정 병력 수준을 고려하여 결정하는 것으로 입대자원이 줄어들 경우는 복무기간이 증가 될 수도 있는 것이다.

우리가 싸워야 하는 북한군의 복무기간은 남자가 10년 여자가 7년이다.

현재 입대자원의 부족으로 과거에는 현역으로 입대하지 못할 수준의 젊은이들이 현역자원으로 입영하고 있는 상태이다.

미 랜드연구소에서 연구한 것을 보면('10년, 블루스베넷 박사) 한반도 유사시 지상군 소요는 계획된 미 증원군 외에 150만 명으로 예상하고 있다.(잘 훈련된 동원 병력 포함)

작전환경

또한 우리의 작전환경을 고려할 때 북한군은 120만 명의 병력과 20여만 명의 특수부대원을 보유하고 있으며 특히 한국은 산악지형이기 때문에 첨단전력 만으로는 북한군을 상대하기가 곤란하다. 상황에 따라서는 복무기간을 늘려서라도 소요병력을 충족시킬 필요가 있는 것이다.

이처럼 병역복무기간을 감정적으로 접근하면 안된다.

11-7

보수는 안보에 능하다?

일반적으로 "보수는 안보에 능하다."라는 인식이 있다. 그러나 보수 정권 하에서 GDP 대비 국방비 비율 등을 보더라도 과연 안보에 능한 것인지에 대한 의문이 든다. 그리고 이것이 정치와 선거에서는 화두가 되고 있다. 이에 대해 어떻게 생각하는지?

국가안보

안보란 대내외로부터 오는 현재 또는 잠재적인 위협으로부터 국가의 생존을 보장하고 국가 이익을 보호하며 확장시켜나가는 것을 의미한다.

안보-보수의 전유물

"보수는 안보에 능하다."라는 말은 이해가 되지 않는 논리적 비약이라 생각한다. 왜냐하면 "안보에 능하다."라는 말을 듣기 위해서는 투철한 안보의식과 가치관을 기본으로 어떠한 위기 상황에서도 능동적이며 적극적으로 대처할 수 있어야 하기 때문이다.

진보든 보수든 모두가 안보에 능해야 한다.

안보는 특정 계층만의 전유물이 아니라 국민 모두에게 소중한 가치가 되는 것이다.

우리는 세계 유일의 분단국가로써 지금도 북한군의 위협을 받고 있는 상태이기 때문에 안보가 중요한 화두가 될 수밖에 없다.

모든 국가에서 가장 중요시되는 것은 그 국가의 안보 문제이다. 따라서 정치와 선거에서 안보 문제의 쟁점화는 당연한 것이며 특히 우리는 현실을 고려할 때 더욱더 치열할 수밖에 없다고 생각한다.

또한 오늘날의 안보는 국방만이 안보를 하는 것이 아니라 경제, 외교 등 제분야가 함께 담당하는 것이며 군인만이 하는 것이 아니라 민 · 관 · 군이 함께 하는 총력안보가 되어야 한다.

11-8

제주민군복합항 왜 필요한가?

언론보도를 보니 국방부가 국책사업으로 추진 중인 제주민군복합형관광미항(이하 제주민군복합항)의 군 관사 건립 정상화를 위해 관계 법령에 따라 행정대집행을 시행했다는데 제주도민들이 반대하는 군항시설을 왜 건립하려 하는지?

민군복합형 관광미항

제주해군기지(민군복합형 관광미항) 건설사업은 제주해군기지를 15만 톤급 크루즈선 2척이 동시에 접안할 수 있는 민군복합형 관광미항으로 건설하는 국책사업으로 일부 주민과 시민단체들이 생태계 파괴 우려 등의 이유로 반대하는 바람에 우여곡절 끝에 2012년에 착공하였으나 2015년 말 완공 예정이다. (기지 상주인원 7,500여명 / 경제 유발효과 연간 2,300억원)

필요성

북한의 위협 시 동 · 서해 전방 해역으로 아군 함정을 신속히 전개하고, 일본 · 중국의 해양군사력 확장에 맞서 대한민국 남방 해역 해상 교통로를 보호하기 위한 매우 중요한 해군기지이다.

또한 이어도를 포함하여 제주도 남방의 배타적경제수역은 천연가스와 원유 등 해양자원의 보고이기도 하다. 향후 예상되는 주변국의 잠재적 위협으로부터 국익을 지켜내기 위해서는 제주해군기지가 반드시 필요하다.

국가의 국력이 증대되면 될수록 그에 따른 안보수요도 증가하기 마련이다. 또한 반도국가로써 해상우세권 확보는 중요한 과업이 될 수밖에 없다.

11-9

日 자위대, 美 요청으로 한반도에 진주 가능?

언론보도를 보니 "대한민국이 전시작전권이 없는 상태에서, 미국의 요청에 의해 일본의 자위대가 한반도에 진주가 가능하다."는 내용을 보았는데, 그게 사실인지?

외국 군대의 국내 주둔

대한민국 헌법 제 60조 2항은 "국회는 선전포고, 국군의 외국에의 파견 또는 외국군대의 대한민국 영역안에서의 주류에 대한 동의권을 가진다."고 명시하고 있다. 따라서 외국 군대의 우리 영토 · 영해 내 파견 · 주둔은 국회 동의 사항이므로, 대한민국의 요청 없이 영토 · 영해 내 진입은 불가하다.

최근 일본의 집단적 자위권 행사 추진과 관련하여 한반도 안보 및 대한민국의 국익에 영향을 미치게 되는 사항은 우리의 요청이 없는 한 결코 이루어질 수 없는 것이다.

한미 연합군사령관에 의한 일본 자위대 진주(進駐)

한미 연합군사령관이 행사하는 전시작전통제권은 유사시 효율적인 군사작전 지휘를 위한 것이지 우리의 국가 주권이 위임된 것은 결코 아니다.

한미 연합군사령관은 한 · 미 정부의 협의와 지침에 따른 한 · 미 합동참모본부 간의 군사위원회(MCM)의 전략지침을 받아 전시작전통제권을 행사하게 되어 있다.

따라서 대한민국 정부의 요청과 승인 없이 미군의 요청에 의해 일본 자위대가 한반도에 진주하는 일은 있을 수 없는 것이며 우리나라 국민이 그것을 용납하지도 않을 것이다.

11-10

해안선 軍철책 없애도 되나?

최근 언론보도를 보니 "지역 경제 활성화를 위해 해안선 軍철책을 없앤다."는 기사를 보았다. 과연 안보에 위협은 없는 것인지?

적 침투 대비

해안을 이용한 적의 침투는 휴전 이후 지금까지 계속되어 왔다. 이러한 적의 침투를 방지하기 위해 해안에 철책 등 경계 시설물을 설치하여 대비태세를 강화해왔다.

경계와 지역 경제 활성화 동시 고려

그러나 주민들의 주거환경 향상, 관광지 개발, 경제활동 여건 보장 등을 위해 적 침투와 그에 따른 작전성을 검토하여 지방자치단체와 협조 하에 철책을 철거하거나 조정하고 경관용 시설물로 대체하는 등의 조치를 취하면서 CCTV, 무인경계시스템 등으로 보강을 병행하는 등의 대책을 강구하고 있다.

아무런 대안 없이 민원만을 고려하여 철책을 제거하는 것이 아니다. 민원을 검토할 때 최우선적으로 고려하는 것은 적의 침투에 대비한 작전적 측면이다. 추가적인 보완조치를 통해 작전적 측면에서 나타나는 문제점을 해소할 수 있을 때 해안철책을 조정하는 것이다. 과거보다는 융통성을 갖고 지역 주민들의 민원을 적극적으로 해소시켜주는 모습이 해안경계를 포기한 것으로 보일 수도 있겠지만 오해가 없기를 바란다.

11-11

사드(THADD) 레이더의 능력?

중국이 사드(THADD) 배치를 반대하는 것은 중국의 모든 군사활동을 감시당하기 때문이라는 주장을 하고 있는 것으로 알고 있다.

사드(THADD) 레이더를 통해 중국 종심지역의 군사활동 탐지가 가능한 것인지?

THADD의 AN/TPY-2레이더의 특징

이 레이더는 전파를 이용하여 표적과의 거리, 표적 고도 및 방향, 속도 등을 탐지할 수 있도록 고안된 장비로 표적이 점으로 나타나게 되어 있다. 그리고 표적(점)의 크기는 전파를 반사하는 단면적이 넓을수록 크게 나타난다.

AN/TPY-2 레이더 성능 및 특성

대공 레이더는 항공기 및 미사일 등의 공중위협을 탐지할 수 있도록 설계되어 지상감시는 부적합하며, 지구곡율(地球曲率)로 인해 거리가 멀수록 일정고도 이상에 대한 공중감시 밖에 할 수 없다.

또한 THADD의 AN/TPY-2레이더는 대공레이더이지만 순수한 대공레이더와는 달리 탄도미사일 식별능력에 중점을 두고 설계되어 있기 때문에 지상감시가 불가하며 특히 AN/TPY-2 레이더에서 사용하는 X-Band의 전파는 직진성이 하기 때문에 거리별 식별고도가 제한을 받게 되어 있다. 즉 거리가 멀수록 식별할 수 있는 고도 또한 높아질 수밖에 없다.

따라서 중국 종심지역에 대한 군사활동 탐지는 불가한 것으로 알려져 있다.

그러나 사드의 국내 배치 여부는 성급하게 어느 한가지만을 고려하여 결정할 것이 아니라 국익을 기준으로 전반적인 영향요소를 고려하여 결정하는 것이 적절하다고 생각된다.

11-12

제4세대 전쟁이란?

최근 제4세대 전쟁이란 얘기도 나오고 있다. 이것은 무엇인가? 그리고 2014년 11월 미국 소니사는 북한 김정은 노동당 제1비서에 대한 암살을 소재로 한 영화 '인터뷰' 개봉을 앞두고 해킹 공격을 받았다고 한다. 버락 오바마 대통령은 북한을 이 공격의 배후로 지목했는데, 대한민국은 어떻게 대응하고 있는지?

제4세대 전쟁

4세대 전쟁이란 군사적 측면에서의 승리에 목적을 두고 실시하는 전쟁이 아니라 정치제도 교체 또는 정부 전복에 목적을 두고 실시하는 전쟁을 말한다. 20~30년 또는 그 이상의 장기간에 걸쳐 지속적으로 정치 · 경제 · 사회 · 군사 등 제 분야에 대해 간조기(干潮期 / 활동이 어려운 시기에 숨어서 활동)와 만조기(滿潮期 / 활동이 비교적 자유스러운 시기에 공개적으로 활동) 전술을 끊임없이 구사하는 것이 특징이다.

과거 공산국가의 공산화과정과 북한의 한반도 적화전략을 이런 측면에서 보는 시각도 많이 있다.

북한 사이버전 능력과 우리의 대응?

언론에 공개된 자료에 따르면 2015년 현재 북한의 사이버전(戰) 병력은 6,800여명으로 추정되고 있다. 이는 국군사이버사령부가 2014년 10월 국회 국방위 국정감사 때 북한의 사이버전(戰) 인력은 5,900명이라고 보고한 것보다 900명이나 늘어난 수치다.

전문가들은 북한이 러시아나 미국보다 뛰어난 사이버 역량을 가지고 있다고 본다. 심지어 북한의 사이버전(戰) 능력이 세계 최고라고 말하기도 한다.

이에 비해 우리 사이버전(戰) 전력은 아직은 취약한 상태이다. 그러나 향후 10년 이내에 상당한 수준으로 인력과 조직을 정비하고 장비를 확충할 계획이다.

11-13

사고 발생시 "몰랐다"고 하면 책임이 없는 것인가?

언제부터인가 군대 내에서 큰 사건이나 사고가 발생했을 때 국방부나 합참에서 브리핑하거나 국회에서 답변하는 것을 보면 "몰랐다", "보고받지 않았다", "정식 상황 보고가 아니기 때문에 믿지 않았다"는 등의 말을 하고 있다. 과연 이것이 최고 책임자 또는 상급부대로서 합당한 말인지? 또 그것이 책임을 물을 수 없는 근거가 되는 것인지?

"몰랐다", "보고받지 않았다" 등의 표현

브리핑이나 국회 답변에서 질문자가 제시한 것처럼 "몰랐다", "보고받지 않았다" 등의 표현은 사실 여부를 밝혀야 하기 때문에 사실을 있는 그대로 표현한 것이라 생각한다.

책임 여부

예하부대에서 발생한 사건이나 사고 중에서 당연히 상급부대나 상급 지휘관이 알아야 하고 보고받아야 하는 것이 있다면 반드시 보고가 이루어져야한다. 그럼에도 불구하고 상급부대나 상급 지휘관이 모르거나 보고를 받지 않았다면 이것은 비정상적인 조직이며 조직을 그렇게 방치한 상급부대의 책임이 클 수밖에 없다. 또한 보고받지 않거나 몰랐다고 하여 그것이 면책이 될 수도 없고 되어서도 안된다. 만약 그것이 면책의 기준이 된다면 보고는 책임 전가의 기준이 될 수밖에 없고 보고를 받았다는 것은 곧 책임을 진다는 의미가 되기 때문에 보고를 하거나 보고를 받으려고 하지 않을 것이기 때문이다. 이런 조직은 존재해서는 안된다. 존재 이유가 없는 조직이다. 사실 여부를 떠나 "몰랐다", "보고받지 않았다"는 말은 상급자로써 쉽게 해서는 안된다고 생각한다. 왜냐면 자칫하면 부하에게 책임을 전가하는 의미가 되고 책임을 회피하려는 의도로 보이기 때문이다.

11-14

레이더에 포착되지 않으면 책임이 없는 것인가?

이번 무인기 사건('14년 4월)의 처리 과정을 보면 이해되지 않는 것이 있다. 그중에서 첫 번째는 이것이 북한 것이 확실하다면 도발한 것인데 왜 도발에 대해 그동안 수 없이 말했던 것처럼 신속, 정확, 충분하게 원점이나 지원세력에 대해 타격이 없는지? 두 번째는 책임자 처벌이 없다는 것이다. 이것은 명백히 공중이 뚫린 것인데 레이더에 포착되지 않았다 하여 처벌하지 않았다는 것은 이해가 되지 않는다. 경계병이 '날씨가 흐려 침투해오는 적을 못 봤다.'고 하면 이것도 처벌을 할 수 없다는 것과 똑같은 것이라 생각한다. 이런 것들은 군대의 신뢰와 관계되는 것들이다.

응징 보복

무인기 침투가 도발임에는 틀림없다. 그리고 적의 도발 시에는 신속성과 정확성 그리고 충분성의 원칙에 따라 도발 원점뿐만 아니라 지휘 및 지원 세력까지 타격하겠다고 기회 있을 때마다 강조해왔던 것도 사실이다. 따라서 정부와 군에서도 여기에 대한 분명한 원칙과 입장을 갖고 처리해 나갈 것이라 생각한다. 아울러 제반 상황과 국익을 고려하여 융통성 있는 조치가 중요하다고 생각한다.

책임자 처벌

영공을 침범당한 것이라는 주장에 대해 동의한다. 따라서 이에 대한 확실한 책임 규명과 조치가 있을 것이라 생각한다. 신상필벌은 지휘의 기본적이며 핵심적인 요소가 되는 것이고 절대 생략되어서는 안 되는 것이다. 만약 생략된다면 군대는 어떠한 일이 벌어졌을 때 책임회피를 위한 논리찾기에만 매달리는 비겁한 집단으로 변질될 것이다. 군대에서 신상필벌은 선택사항이 아니라 필수적인 것이다. 일일이 보도가 되지 않을 뿐이지 어떤 형태로든 책임 추궁은 있을 것이라 생각한다.

11-15

안보의식, 무엇이 문제인가?

"언제부터인가 북한의 위협에도 우리 국민들은 둔감해졌으며 주식시장 또한 변동이 없는 모습을 보이고 있다. 이것이 나쁜 것은 아니지만 안보의식이 그만큼 실종된 것이 아닌가 하는 생각도 해본다. 우리의 안보의식을 어떻게 보고 있는지?"

위기의식부족

우리들의 안보의식은 바라보는 관점에 따라 차이가 있겠지만 가장 큰 문제는 위기의식이 부족하다는 것이라고 생각한다. 지금 우리는 전쟁이 완전히 끝나지 않은 상태이다. 현재 진행형이고 북한군의 미사일 위협에 노출되어 있으면서도 전혀 위기의식을 느끼지 못하고 있는 상태이다. 이것은 올해 을지훈련 시('15년 UFG) 민방위훈련이 있었지만 시민들이 통제에 따라 주지 않았기 때문에 20여 분간 2,377억 원 정도가 낭비되었다는 보도만 보더라도 알 수 있는 것이다.

잘못된 의식

또 하나는 잘못된 의식이 만연 되어 있는 것이라 생각한다. 예로써 다른 사람보다 앞서가는 사람 또는 의식 있고 깨우친 사람이라는 평가를 받기 위해서는 북한을 두둔하고 안보에 냉소적이며 비판적인 자세를 가져야 한다. 그뿐만 아니라 안보를 남에게 의존하면서도 그것을 이상하게 생각하지 않는 비주체적인 자세이다. 즉 '북한 공격은 미국이 막아줄 것이다. 북핵은 북한과 미국과의 문제일 뿐이다.' 하고 아무런 책임감 없이 남의 일처럼 말하고 행동하는 자세이다. 이러한 것들은 비록 일부가 갖고 있을지라도 잘못된 의식으로 시정되어야 한다고 생각한다.

11-16

요즘 군대는 왜 전법개발이 없는가?

군대 역사를 보면 손자의 "손자병법"이라든지 이순신 장군의 "학익진법"과 같이 전법이 있었다. 그런데 언제부터인가 이런 전법에 대한 이야기가 없어졌고 부조리, 사건사고 등에 대한 것만 보도되고 있다. 왜 군대에서 전법을 만들어 내지 않는가?

전법

전법이란 싸우는 방법에 대한 것으로 "How to Fight"와 마찬가지이다. 즉 적과 어떻게 싸워 이길 것인가에 대한 것으로 이것을 달리 표현하면 오늘날의 교리(教理)와 같은 것이다. 교리란 군사력 운용에 대한 일반적인 지침 또는 방향을 제시하는 것이다. 그렇지만 반드시 그대로 따라야한다는 구속력을 갖고 있는 것은 아니다. 왜냐면 싸우는 방법이란 전투에 미치는 제반 상황을 고려하여 그때그때 달라져야하기 때문이다.

교리연구

교리에 대한 연구는 말단에 있는 야전부대부터 최상위에 있는 부대까지 모든 부대가 공통적으로 연구하고 발전시키도록 임무가 부여되어 있으며 특히 각 군에 있는 교육사령부에서 모든 부대와 연계하여 주도적으로 연구하고 있을 뿐만 아니라 교육회장, 교육 참고, 야전교범이라는 명칭으로 일정주기로 수정, 보완하여 발간하고 있으며 이처럼 개선된 교리는 야전부대 및 관련 부대에 전파되어 적극 활용되고 있다. 군에서 사건사고가 빈번하게 발생하고 있어 국민들로부터 지탄을 받고 있으나 이처럼 교리를 연구 발전시키고 그것을 기준으로 교육 훈련하는 것을 기본으로 하고 있다는 것을 이해하는 계기가 되기를 바란다.

안보교육 중 받은 질문과 답변들!

국가안보의 핵심을 말한다

특별부록

북한의 조선노동당규약

북한의 조선노동당규약은 2012년 4월 11일 제4차 당대표자회에서 개정되었다. 본 부록에서는 북한이 공개한 자료인 2012년 4월 12일자(字) 〈노동신문〉을 참고하여 서문(序文)을 정리하여 게재했다. 전문(全文)은 대내외적으로 발표되지 않았으며, 서문 이외의 제1장 당원~제10장 당마크, 당기 부분의 내용은 2010년 9월 28일에 개정된 구(舊) 조선노동당규약을 전재(全載)했음.

조선로동당규약 서문(2012년 4월 11일)

조선로동당은 위대한 김일성동지와 김정일동지의 당이다.

위대한 김일성동지는 조선로동당의 창건자이시고 당과 혁명을 백승의 한길로 이끌어오신 탁월한 령도자이시며 조선로동당과 조선인민의 영원한 수령이시다.

위대한 수령 김일성동지는 영생불멸의 주체사상을 창시하시고 항일혁명의 불길속에서 마련하신 당창건의 조직사상적기초와 빛나는 혁명전통에 토대하여 영광스러운 조선로동당을 창건하시였으며 조선로동당을 사상의지적으로 통일단결되고 높은 조직성과 규률성을 지닌 강철의 당으로,인민대중의 절대적인 지지와 신뢰를 받는 위력한 당으로,주체혁명의 대를 굳건히 이어나가는 불패의 당으로 강화발전시키시였다.

위대한 수령 김일성동지는 혁명무력과 인민정권을 창건하시고 혁명의 주체적력량을 비상히 강화하시였으며 항일혁명투쟁과 조국해방전쟁, 민주주의혁명과 사회주의혁명을 승리에로 이끄시여 민족

해방,계급해방의 력사적위업을 이룩하시고 사회주의건설을 힘있게 다그쳐 이 땅우에 자주, 자립, 자위로 위용떨치는 인민대중중심의 사회주의나라를 일떠세우시였으며 조국통일과 인류자주위업수행에 거대한 공헌을 하시였다.

위대한 김정일동지는 조선로동당을 위대한 김일성동지의 당으로 강화발전시키시고 선군혁명을 승리에로 이끌어오신 탁월한 령도자이시며 조선로동당의 영원한 총비서이시고 조선로동당과 조선인민의 영원한 수령이시다.

위대한 령도자 김정일동지는 주체사상을 자주시대의 위대한 지도사상으로 심화발전시키시고 조선로동당을 유일사상체계와 유일적령도체계가 확고히 선 사상적순결체,조직적전일체로 건설하시였으며 조선로동당을 인민대중과 혼연일체를 이루고 인민대중의 운명을 책임지고 보살피는 어머니당으로,높은 령도예술을 지닌 로숙하고 세련된 당으로, 령도의 계승성을 확고히 보장한 전도양양한 당으로 강화발전시키시였다.

위대한 령도자 김정일동지는 온 사회의 김일성주의화를 당의 최고강령으로 내세우시고 혁명과 건설의 모든 분야에서 기적과 변혁의 새 력사를 창조하시였으며 선군의 기치높이 나라와 민족의 자주권을 굳건히 수호하시고 김일성조선을 일심단결된 정치사상강국, 무적의 군사강국으로 일떠세우시였으며 조국땅우에 강성번영의 일대 전성기를 펼치시고 조국통일과 세계의 자주화위업수행에서 전환적국면을 열어놓으시였다.

위대한 김일성동지와 김정일동지는 천재적인 예지와 비범한 령도력,불굴의 의지와 인민에 대한 열렬한 사랑을 지니시고 한평생을 오로지 당의 강화발전과 인민의 행복을 위하여 모든것을 다 바치신 탁월한 사상리론가, 걸출한 령도자, 인민의 자애로운 어버이이시다.

조선로동당은 위대한 김일성동지와 김정일동지의 성스러운 혁명생애와 고귀한 업적을 천추만대에 빛내여나갈것이며 김일성동지와 김정일동지의 거룩한 존함은 조선로동당과 더불어 영구불멸할것이다.

경애하는 김정은동지는 위대한 김일성동지와 김정일동지의 혁명위업을 승리에로 이끄시는 조선로동당과 조선인민의 위대한 령도자이시다.

조선로동당은 위대한 김일성동지와 김정일동지를 영원히 높이 모시고 경애하는 김정은동지를 중심으로 하여 조직사상적으로 공고하게 결합된 로동계급과 근로인민대중의 핵심부대, 전위부대이다.

조선로동당은 위대한 김일성－김정일주의를 유일한 지도사상으로 하는 김일성－김정일주의당, 주체형의 혁명적당이다.

조선로동당은 위대한 김일성－김정일주의를 당건설과 당활동의 출발점으로,당의 조직사상적공고화의 기초로, 혁명과 건설을 령도하는데서 지도적지침으로 한다.

조선로동당은 위대한 김일성동지와 김정일동지께서 이룩하신 주체의 혁명전통을 고수하고 계승발전시키며 당건설과 당활동의 초석으로 삼는다.

조선로동당은 로동자, 농민, 인테리를 비롯한 근로인민대중속에 깊이 뿌리박고 그들가운데서 사회주의위업의 승리를 위하여 몸바쳐싸우는 선진투사들로 조직한 로동계급의 혁명적당, 근로인민대중의 대중적당이다.

조선로동당은 조선민족과 조선인민의 리익을 대표한다.

조선로동당은 근로인민대중의 모든 정치조직들가운데서 가장 높은 형태의 정치조직이며 정치, 군사, 경제, 문화를 비롯한 모든 분야를 통일적으로 이끌어나가는 사회의 령도적정치조직이며 혁명의 참모부이다.

조선로동당은 위대한 김일성동지와 김정일동지의 위업,주체혁명위업의 승리를 위하여 투쟁한다.

조선로동당의 당면목적은 공화국북반부에서 사회주의강성국가를 건설하며 전국적범위에서 민족해방민주주의혁명의 과업을 수행하는데 있으며 최종목적은 온 사회를 김일성－김정일주의화하여 인민대중의 자주성을 완전히 실현하는데 있다.

조선로동당은 당안에 사상과 령도의 유일성을 보장하고 당이 인민대중과 혼연일체를 이루며 당건설에서 계승성을 보장하는것을 당건설의 기본원칙으로 한다.

조선로동당은 당의 유일적령도체계를 세우는 사업을 주선으로 틀어쥐고 당대렬을 수령결사옹위의 전위대오로 꾸리며 경애하는 김정은동지를 중심으로 하는 당과 군대와 인민의 일심단결을 백방으로 강화하고 그 위력을 높이 발양시켜나간다.

조선로동당은 주체사상교양을 강화하며 자본주의사상, 봉건유교사상, 수정주의, 교조주의, 사대주의를 비롯한 온갖 반동적, 기회주의적사상조류들을 반대배격하며 맑스—레닌주의의 혁명적원칙을 견지한다.

조선로동당은 계급로선과 군중로선을 철저히 관철하여 당과 혁명의 계급진지를 굳건히 다지며 인민의 리익을 옹호하고 인민을 위하여 복무하며 인민대중의 운명을 책임지고 돌보는 어머니당으로서의 본분을 다해나간다.

조선로동당은 인민생활을 끊임없이 높이는것을 당활동의 최고원칙으로 한다.

조선로동당은 사람과의 사업을 당사업의 기본으로 한다.

조선로동당은 사상을 기본으로 틀어쥐고 인민대중의 정신력을 발동하여 모든 문제를 풀어나간다.

조선로동당은 항일유격대식사업방법, 주체의 사업방법을 구현한다.

조선로동당은 혁명과 건설을 령도하는데서 로동계급적원칙, 사회주의원칙을 견지하며 주체성과 민족성을 고수한다.

조선로동당은 선군정치를 사회주의기본정치방식으로 확립하고 선군의 기치밑에 혁명과 건설을 령도한다.

조선로동당은 인민정권을 강화하고 사상, 기술, 문화의 3대혁명을 힘있게 다그치는것을 사회주의건설의 총로선으로 틀어쥐고나간다.

조선로동당은 혁명대오를 정치사상적으로 튼튼히 꾸리고 인민대중중심의 사회주의제도를 공고발전시키며 인민군대를 강화하고 나라의 방위력을 철벽으로 다지며 사회주의자립적민족경제와 사회주의문화를 발전시켜나간다.

조선로동당은 근로단체들의 역할을 높여 광범한 군중을 당의 두리에 묶어세우며 사회주의강성국가건설을 위한 투쟁에로 조직동원한다.

조선로동당은 전조선의 애국적민주력량과의 통일전선을 강화한다.

조선로동당은 남조선에서 미제의 침략무력을 몰아내고 온갖 외세의 지배와 간섭을 끝장내며 일본군국주의의 재침책동을 짓부시며 사회의 민주화와 생존의 권리를 위한 남조선인민들의 투쟁을 적극 지지성원하며 우리 민족끼리 힘을 합쳐 자주, 평화통일, 민족대단결의 원칙에서 조국을 통일하고 나라와 민족의 통일적발전을 이룩하기 위하여 투쟁한다.

조선로동당은 자주, 평화, 친선을 대외정책의 기본리념으로 하여 반제자주력량과의 련대성을 강화하고 다른 나라들과의 선린우호관계를 발전시키며 제국주의의 침략과 전쟁책동을 반대하고 세계의 자주화와 평화를 위하여, 세계 사회주의운동의 발전을 위하여 투쟁한다.

(출처 : 〈노동신문〉 2012년 4월 12일자)

제1장 당원

1. 조선로동당은 위대한 수령 김일성동지께서 개척하시고 위대한 령도자 김정일동지께서 이끄시는 주체혁명위업, 사회주의위업을 위하여 모든 것을 다바쳐 투쟁하는 주체형의 혁명가이다.
2. 조선로동당원으로는 조선공민으로서 당의 유일사상체계와 유일적 령도체계가 든든히 서고 당과 수령, 조국과 인민을 위하여 헌신적으로 투쟁하며 당규약을 준수하려는 근로자들이 될 수 있다.
3. 조선로동당원은 후보기간을 마친 후보당원 가운데서 받아들인다. 특수한 경우에는 입당청원자를 직접 당원으로 받아들일수 있다. 조선로동당에는 열여덟살부터 입당할수 있다. 입당절차는 다음과 같다.
   1) 입당하려는 사람은 입당청원서와 당원 두사람의 입당보증서를 당세포에 내야한다. 김일성사회주의청년동맹원이 입당할때에는 시, 군 청년동맹위원회의 입당보증서를 내야 하며 그것은 당원 한사람의 입당보증서를 대신한다. 후보당원이 당원으로 입당할때에는 입당청원서와 입당보증서를 내지 않는다. 그러나 당세포가 요구할때에는 다른 입당보증서를 내야한다
   2) 입당보증인은 2년이상의 당생활 년한을 가져야 한다. 입당보증인은 입당청원자의 사회정치생활을 잘 알아야 하며 보증내용에 대하여 당 앞에 책임져야 한다.
   3) 입당문제는 개별적으로 심의하여야 한다. 당세포는 총회에서

입당청원자를 참가시키고 입당문제를 심의하며 채택된 결정은 시, 군당위원회의 비준을 받아야 한다. 입당보증인은 입당문제를 토의하는 회의에 참가하지 않아도 된다. 시, 군당위원회는 입당문제에 대한 당세포의 결정을 한달안에 심의하고 처리하여야 한다.

4) 후보당원의 후보기간은 1년으로 한다. 당세포는 후보당원의 후보기간이 끝나면 총회에서 그의 입당문제를 심의하고 결정하여야 한다. 특수한 경우에는 후보기간이 끝나지 않은 후보당원을 당원으로 받아들일수 있다. 후보당원이 당원으로 입당할 준비가 잘안되였을 때에는 후보기간을 1년까지의 범위안에서 한번 미룰 수 있으며 그 기간에도 입당할 자격을 갖추지 못하면 그를 제명하여야 한다. 후보기간을 미루거나 후보당원을 제명할데 대한 당세포의 결정은 시, 군당위원회의 비준을 받아야 한다.

5) 입당날자는 당세포총회에서 입당을 결정한 날로 한다.

6) 당원으로 입당한 사람은 당원증을 수여받을 때 입당선서를 한다.

7) 특수한 환경에서 사업하는 사람과 다른 당에서 탈당한 사람의 입당문제는 당중앙위원회가 따로 규정한 절차와 방법에 따라 취급한다.

4. 당원의 의무는 다음과 같다.

1) 당원은 당의 유일사상체계와 유일적 령도체계를 튼튼히 세워야 한다. 당원은 당과 수령에 대한 끝없는 충실성을 지니고 수

령을 결사옹위하며 주체사상, 선군사상과 혁명전통으로 튼튼히 무장하고 당의 로선과 정책을 결사관철하며 당과 혁명대오의 일심단결을 눈동자와 같이 지키고 수령의 유일적 령도밑에 하나와 같이 움직이는 혁명적 규률을 세워야 한다.

2) 당원은 당생활에 자각적으로 참가하여 당성을 끊임없이 단련하여야 한다. 당원은 당조직관념을 바로가지고 당회의와 당생활총화, 당학습에 성실히 참가하며 당조직의 결정과 분공을 책임적으로 집행하고 비판과 사상투쟁을 강화하며 당의 규률을 자각적으로 지키고 사업과 생활에서 나서는 문제들을 당조직에 보고하여야 한다.

3) 당원은 사회주의강성대국 건설을 위한 혁명과업수행에서 선봉적 역할을 하여야 한다. 당원은 혁명적 군인정신을 높이 발휘하여 맡은 과업수행에서 혁신을 일으키고 최첨단을 돌파하기위한 투쟁과 어렵고 힘든 일에 앞장서며 로동을 사랑하고 로동규률을 자각적으로 지키며 국가사회재산을 주인답게 관리하고 생산문화, 생활문화를 확립하기 위하여 적극 노력하여야 한다.

4) 당원은 사회주의 조국을 튼튼히 보위하여야 한다. 당원은 군사중시기풍을 세워 군사를 성실히 배우고 전투동원준비를 튼튼히 갖추며 원쑤들의 침해로부터 사회주의조국과 혁명의 전취물을 굳건히 지키며 군민일치의 전통적 미풍을 높이 발휘하며 조국통일을 앞당기기 위하여 적극 투쟁하여야 한다.

5) 당원은 당적, 계급적 원칙을 철저히 지켜야 한다. 당원은 모든

문제를 정치적으로 계급적으로 예리하게 분석판단하고 어떤 역경속에서도 혁명적 신념과 지조를 지키고 계급적 원쑤들과 온갖 이색적인 사상요소들, 비사회주의적현상을 비롯한 부정적인 현상들을 반대하여 견결히 투쟁하여야 한다.

6) 당원은 군중과 늘 사업하며 실천적 모범으로 군중을 이끌어 나가야 한다. 당원은 혁명적 군중관점을 가지고 군중을 교양개조하여 당의 두리에 묶어세우고 혁명과업 수행에로 불러일으키며 군중의 생활을 진심으로 돌보아주며 당원의 영예와 존엄을 지켜 사업과 생활에서 군중의 본보기가 되고 자신과 가정, 집단을 혁명화하는데서 모범이 되어야 한다.

7) 당원은 정치리론수준과 문화기술수준을 끊임없이 높여야 한다. 당원은 혁명적 학습기풍을 세우고 당의 로선과 정책을 깊이 체득하며 경제지식과 현대과학기술을 배우고 자기사업에 정통하며 문화정서적 소양을 높여야 한다.

8) 당원은 혁명적 사업기풍과 생활기풍을 세워야 한다. 당원은 언제 어디서나 혁명적으로, 전투적으로 일하고 생활하며 국가의 법과 규정을 자각적으로 지키고 공민적 의무를 다하며 안일해이를 반대하고 혁명적 경각성을 높이며 당, 국가, 군사비밀을 철저히 지켜야한다.

9) 당원은 고상한 도덕품성을 지녀야 한다. 당원은 언제나 겸손하고 소박하며 친절하고 례절이 바르며 사리와 공명을 탐내지 말고 청렴결백하며 사회공중 도덕과 질서를 모범적으로 지키며

혁명적 동지애를 높이 발휘하여야 한다.

10) 당원은 매달 당비를 바쳐야 한다. 당비는 월수입의 2%로 한다.

5. 당원의 권리는 다음과 같다.

1) 당원은 당회의와 당출판물을 통하여 당의 로선과 정책을 관철하며 당사업을 발전시키는데 도움이 되는 의견을 발표할 수 있다.

2) 당원은 당회의에서 결의권을 가지며 각급 당지도기관 선거에서 선거할 권리와 선거받을 권리를 가진다.

3) 당원은 정당한 리유와 근거가 있을때에는 어떤 당원에 대하여서나 비판할수 있으며 상급이 주는 어떤 과업이라도 그것이 당의 유일사상체계와 유일적령도체계에 어긋날때에는 그 집행을 거부할수 있다.

4) 당원은 자기의 사업과 생활에 대한 문제를 토의결정하는 당회의에 참가할 것을 요구할수 있다.

5) 당원은 당중앙위원회에 이르기까지의 각급 당위원회에 신소와 청원을 할수 있으며 그에 대한 심의를 요구할 수 있다.

6. 후보당원의 의무는 당원의 의무와 같으며 후보당원의 권리는 결의권과 선거할 권리, 선거받을 권리가 없는 이외에는 당원의 권리와 같다.

7. 당의 규률을 어긴 당원에게는 당책벌을 준다.

1) 당의 유일사상체계와 유일적령도체계에 어긋나는 행동을 하거

나 당의 로선과 정책을 반대하고 종파행위를 하거나 적들과 타협하는 것을 비롯하여 당과 혁명에 엄중한 손실을 끼친 당원은 출당시킨다.

2) 출당시키지 않을 정도의 과오를 범한 당원에게는 그 과오의 크기에 따라 경고, 엄중경고, 권리정지, 후보당원으로 내려놓는 책벌을 준다. 당책벌은 당원이 과오를 범하게 된 동기와 원인, 과오의 후과와 함께 그의 사업과 생활을 전면적으로 깊이있게 료해하고 심중하게 주어야 한다.

3) 당세포는 총회에서 과오를 범한 당원을 참가시키고 당책벌을 줄데 대하여 심의결정한다. 특수한 경우에는 본인의 참가없이 심의결정할 수 있다. 당원에게 당책벌을 줄데 대한 당세포의 결정은 시,군당위원회의 비준을 받아야 하며 당원을 출당시킬데 대한 당세포의 결정은 도(직할시)당위원회의 비준을 받아야 한다.

4) 당세포는 당책벌을 받은 당원이 자기의 과오를 깊이 뉘우치고 고치기 위하여 노력하며 사업에서 개선이 있을 때에는 총회에서 책벌을 벗겨줄데 대하여 심의결정하여야 하며 그 결정은 시, 군당위원회의 비준을 받아야 한다.

5) 당중앙위원회와 도(직할시), 시, 군당위원회 위원, 후보위원에 대한 당책벌 문제를 비롯하여 당책벌을 주거나 벗겨주는 모든 문제는 당중앙위원회가 정한 절차와 방법에 따라 취급한다.

6) 당중앙위원회와 도(직할시), 시, 군당위원회는 당규률 문제와 관련한 당원의 신소를 제때에 책임적으로 심의하고 처리하여야

한다.

8. 정당한 리유 없이 여섯달 이상 당생활에 참가하지 않고 있는 당원에 대하여서는 당세포총회에서 그를 제명할 것을 결정하여야 하며 그 결정은 시, 군당위원회의 비준을 받아야 한다.

9. 당원의 등록과 이동은 당중앙위원회가 정한 절차와 방법에 따라 한다.

10. 조선로동당원으로서 당과 수령, 조국과 인민을 위하여 투쟁하다가 년로보장 또는 사회보장을 받고 있는 당원을 비롯하여 당원으로서의 활동을 제대로 할수 없는 당원은 명예당원으로 한다. 명예당원에게는 명예당원증을 수여한다. 당원을 명예당원으로 넘기는 문제는 시, 군당위원회에서 비준한다.

제2장 당의 조직원칙과 조직구조

11. 당은 민주주의중앙집권제원칙에 따라 조직하며 활동한다.

1) 각급 당지도기관은 민주주의적으로 선거하며 선거된 지도기관은 선거받은 당 조직 앞에 자기의 사업을 정기적으로 총화보고한다.

2) 당원은 당조직에, 소수는 다수에, 하급당조직은 상급당조직에 복종하며 모든 당조직은 당중앙위원회에 절대복종한다.

3) 모든 당조직은 당의 로선과 정책을 무조건 옹호관철하며 하급

당조직은 상급당조직의 결정을 의무적으로 집행한다.

4) 상급당조직은 하급당조직의 사업을 계통적으로 지도검열하며 하급 당조직은 자기의 사업정형을 상급당조직에 정상적으로 보고한다.

12. 각급 당조직은 지역단위와 생산 및 사업단위에 따라 조직한다. 어느 한 지역을 맡은 당조직은 그 지역의 일부를 맡은 모든 당조직의 상급당조직으로 되며 어느 한 부문이나 단위의 사업을 맡은 당조직은 그 부문이나 단위의 일부 사업을 맡은 모든 당조직의 상급당조직으로 된다.

13. 각급 당위원회는 해당 단위의 최고지도기관이며 정치적 참모부이다. 당위원회의 활동에서 기본은 집체적 지도이다. 각급 당위원회는 새롭고 중요한 문제들을 반드시 집체적으로 토의결정하고 집행하며 여기에 당지도기관 성원들과 당원들의 책임성과 창발성을 밀접히 결합시켜야 한다.

14. 각급 당조직의 최고지도기관은 다음과 같이 조직한다.

1) 당의 최고지도기관은 당대회이며 당대회와 당대회사이에는 당대회가 선거한 당중앙위원회이다. 도(직할시), 시, 군당조직의 최고지도기관은 해당 당대표회이며 당대표회와 당대표회 사이에는 당대표회가 선거한 해당 당위원회이다. 기층당조직의 최고지도기관은 당총회(당대표회)이며 당총회(당대표회)와 당총회(당대표회) 사이에는 당총회(당대표회)가 선거한 해당 당위원회이다.

2) 당대회, 당대표회 대표자는 한급 낮은 당조직의 당대표회 또는

당총회에서 선거한다. 당대회 대표자 선출비률은 당중앙위원회가 규정하며 도(직할시), 시, 군당 대표회 대표자 선출비률은 당중앙위원회가 정한 기준에 따라 해당 당위원회가 규정한다.

3) 당중앙위원회 위원, 후보위원수는 당대회에서 결정한다. 도(직할시), 시, 군당위원회 위원, 후보위원수와 기층당 조직의 위원수는 당중앙위원회가 정한 기준에 따라 해당 당대표회 또는 당총회에서 결정한다. 당위원회 위원, 후보위원수를 변경시킬 필요가 있을때에는 해당 당위원회 전원회의에서 다시 결정할 수 있다. 각급 당지도기관의 선거는 당중앙위원회가 만든 선거세칙에 따라 한다.

15. 각급 당조직의 지도기관 성원의 소환(제명)과 보선은 다음과 같이 한다

1) 당중앙위원회와 도(직할시), 시, 군당위원회 위원, 후보위원의 제명과 보선은 해당 당위원회 전원회의에서 한다. 당중앙위원회와 도(직할시), 시, 군 당위원회 위원이 결원되였을 때는 해당 당위원회 후보위원 가운데서 보선한다. 필요에 따라 후보위원이 아닌 당원을 위원으로 보선할 수 있다.

2) 기층당조직의 지도기관 성원의 소환과 보선은 해당 당총회(당대표회)에서 한다. 규모가 크거나 아래 당조직들이 멀리 널려져 있거나 사업상 특성으로 당총회(당대표회)를 제때에 소집할 수 없는 초급당, 분초급당에서는 당위원회에서 위원을 제명, 보선할 수 있다.

3) 상급당위원회는 결원된 하급당위원회 책임비서(비서), 비서(부비서)를 파견할 수 있다.

16. 당회의는 해당 당조직에 소속된 당원(위원, 대표자) 총수의 3분의 2 이상이 참가하여야 성립되며 제기된 문제의 가결은 결의권을 가진 당회의 참가자의 절반을 넘는 찬성을 받아야 확정된다. 각급 당위원회 후보위원은 해당 당위원회 전원회의에서 발언권만 가진다.

17. 도(직할시), 시, 군당위원회의 조직과 해체문제는 당중앙위원회에서, 초급당위원회와 분초급당위원회의 조직과 해체문제는 도(직할시)당위원회에서, 부문당위원회와 당세포의 조직과 해체문제는 시, 군당위원회에서 비준한다. 당 조직의 조직과 해체정형을 시, 군당위원회는 도(직할시) 당위원회에, 도(직할시)당위원회는 당중앙위원회에 보고하여야 한다. 각급 당위원회에는 필요한 부서를 둔다. 부서를 내오거나 없애는 권한은 당중앙위원회에 있다.

18. 당중앙위원회는 정치, 군사, 경제적으로 중요한 부문에 정치기관을 조직한다.

1) 정치기관들은 해당 부문에서 당원들과 근로자들에 대한 정치사상교양사업을 조직진행하며 해당 단위에 조직된 당위원회의 집행부서로 사업한다. 정치기관들은 당의 로선과 정책을 관철하기 위한 투쟁에 당원들과 군중을 조직동원하기 위하여 당열성자회의를 소집할 수 있다.

2) 중앙기관에 조직된 정치국(정치부)들은 당 중앙위원회에 직속되

어 그 지도밑에 사업하며 자기 사업정형을 당중앙위원회에 정상적으로 보고한다. 정치국(정치부)들은 아래 정치기관들에 대한 지도에서 해당지역 당위원회들과 긴밀한 련계를 가진다.

3) 정치기관들은 조선로동당규약과 당중앙위원회가 비준한 지도서와 규정에 따라 조직되며 사업한다.

19. 당중앙위원회는 어떤 당조직이든지 당의 로선과 정책, 당규약을 엄중하게 어기거나 집행하지 않을 때에는 해산하고 거기에 소속되었던 당원들을 개별적으로 심사하여 다시 등록하고 당조직을 새로 조직할 수 있다.

20. 당중앙위원회는 정치, 군사, 경제적으로 중요한 지역과 부문, 특수한 환경에 맞는 당조직의 형식과 활동방법, 그 밖의 당건설에서 나서는 문제들을 따로 결정할 수 있다.

제3장 당의 중앙조직

21. 당대회는 당의 최고기관이다. 당 대회는 당중앙위원회가 소집하며 당대회 소집날자는 여섯달 전에 발표한다. 당대회의 사업은 다음과 같다.

1) 당중앙위원회와 당중앙검사위원회의 사업을 총화한다.

2) 당의 강령과 규약을 채택 또는 수정 보충한다.

3) 당의 로선과 정책, 전략전술의 기본문제를 토의결정한다.

4) 조선로동당 총비서를 추대한다.

5) 당중앙위원회와 당중앙검사위원회를 선거한다.

22. 조선로동당 총비서는 당의 수반이다. 조선로동당 총비서는 당을 대표하며 전당을 령도한다. 조선로동당 총비서는 당중앙군사위원회 위원장으로 된다.

23. 당중앙위원회는 당대회와 당대회사이에 당의 모든사업을 조직지도한다. 당중앙위원회는 전당과 온 사회의 주체사상화를 당사업의 총적임무로 틀어쥐고 당의 유일사상체계와 유일적령도체계를 튼튼히 세우며 당과 혁명대오를 수령결사옹위의 전투부대로 꾸리고 그 위력을 높이며 주체사상, 선군사상을 구현하여 당의 로선과 정책을 세우고 혁명투쟁과 건설사업을 정치적으로 지도하며 국내외의 각 정당, 단체들과 사업하며 당의 재정을 관리한다.

24. 당중앙위원회는 전원회의를 1년에 한번 이상 소집한다. 당중앙위원회 전원회의는 해당 시기 당앞에 나서는 중요한 문제들을 토의결정하며 당중앙위원회 정치국과 정치국상무위원회를 선거하며 당중앙위원회 비서들을 선거하고 비서국을 조직하며 당중앙군사위원회를 조직하고 당중앙위원회 검열위원회를 선거한다.

25. 당중앙위원회 정치국과 정치국상무위원회는 전원회의와 전원회의 사이에 당중앙위원회의 이름으로 당의 모든 사업을 조직지도한다.

26. 당중앙위원회 비서국은 당 내부사업에서 나서는 문제와 그 밖의 실무적 문제들을 주로 토의결정하고 그 집행을 조직지도한다.

27. 당중앙군사위원회는 당대회와 당대회 사이에 군사분야에서 나서는 모든 사업을 당적으로 조직지도한다. 당중앙군사위원회는 당의 군사로선과 정책을 관철하기위한 대책을 토의결정하며 혁명무력을 강화하고 군수공업을 발전시키기 위한 사업을 비롯하여 국방사업 전반을 당적으로 지도한다.

28. 당중앙위원회 검열위원회는 당의 유일사상체계와 유일적령도체계에 어긋나는 행동을 하거나 당규약을 위반하는 것을 비롯하여 당규률을 어긴 당원에게 당적 책임을 추궁하며 당규률 문제와 관련한 도(직할시)당위원회의 제의와 당원의 신소를 심의하고 처리한다.

29. 당중앙검사위원회는 당의 재정관리사업을 검사한다.

30. 당중앙위원회는 당대회와 당대회사이에 당대표자회를 소집할 수 있다. 당대표자회 대표자 선출비률과 대표자선거절차는 당중앙위원회가 규정한다. 당대표자회는 당의 로선과 정책, 전략전술의 중요한 문제들을 토의결정하며 당중앙지도기관 성원들을 소환하고 보선한다. 당대표자회는 조선로동당 최고지도기관을 선거하거나 당규약을 수정보충할 수 있다.

제4장 당의 도(직할시)조직

31. 도(직할시)당대표회는 당의 도(직할시)조직의 최고지도기관이다. 도(직할시) 당대표회는 당중앙위원회의 지시에 따라 도(직할시)당위원회가 소집한다.

32. 도(직할시)당대표회의 사업은 다음과 같다

1) 도(직할시)당위원회와 도(직할시)당검사위원회의 사업을 총화한다.

2) 도(직할시)당위원회와 도(직할시)당검사위원회를 선거한다.

3) 당대회에 보낼 대표자를 선거한다.

33. 도(직할시)당위원회는 다음과 같은 사업을 한다.

당의 유일사상체계와 유일적령도체계를 세우는 사업을 주선으로 틀어쥐고 당원들과 근로자들이 수령을 결사옹위하고 당의 로선과 정책을 결사 관철하며 당과 혁명대오의 일심단결을 강화하고 수령의 유일적령도 밑에 하나와 같이 움직이도록 지도한다.

간부대렬을 튼튼히 꾸리고 그 순결성을 보장하며 당원들에 대한 당생활지도를 강화하고 당력량을 합리적으로 배치하며 광범한 군중을 당의 두리에 묶어세우며 당조직들을 튼튼히 꾸리고 그 전투적 기능과 역할을 높이도록 지도한다.

당원들과 근로자들을 주체형의 혁명가로 키우기 위한 사상교양을 강화하고 사회주의 강성대국 건설에서 대중의 정신력을 높이 발양시키며 제국주의자들의 사상문화적침투책동을 짓부시고 온갖 이색적인 사상요소들과 비사회주의적 현상을 비롯한 부정적인 현상들을 반대하여 투쟁한다.

행정경제사업에 대한 당적지도를 강화하여 정치, 경제문화의 모든 사업이 당의 정책적 요구에 맞게 진행되도록 하며 근로단체 조직들을 튼튼히 꾸리고 그 역할을 높이도록 지도한다. 민간무력의 전투력을 높이며 전투 동원준비를 완성하고 인민군대를 적극 원호하도록 지도한다.

도(직할시) 당위원회의 재정을 관리한다.

당중앙위원회에 자기의 사업정형을 정상적으로 보고한다.

34. 도(직할시)당위원회는 전원회의를 넉달에 한번 이상 소집한다.

도(직할시)당위원회 전원회의는 당의 로선과 정책을 관철하기 위한 대책을 토의결정하며 도(직할시)당위원회 집행위원회와 책임비서, 비서들을 선거하고 비서처를 조직하며 도(직할시) 당위원회 군사위원회와 검열위원회를 선거한다.

35. 도(직할시) 당위원회 집행위원회, 비서처, 군사위원회, 검열위원회는 다음과 같은 사업을 한다.

1) 도(직할시)당위원회 집행위원회는 전원회의와 전원회의 사이에 도(직할시) 당위원회의 이름으로 행정경제사업과 관련한 당정책 관철에서 나서는 중요한 문제들을 토의결정하고 그 집행을 위한 사업을 조직지도한다. 도(직할시)당위원회 집행위원회는 한달에 두번이상 한다.

2) 도(직할시)당위원회 비서처는 간부사업을 비롯한 당내부사업에서 나서는 문제들을 수시로 토의결정하고 조직집행한다.

3) 도(직할시)당위원회 군사위원회는 당의 군사로선과 정책을 관철하기 위한 대책을 토의결정하고 그 집행을 위한 사업을 조직지도한다.

4) 도(직할시)당위원회 검열위원회는 당의 유일사상체계와 유일적령도체계에 어긋나는 행동을 하거나 당규약을 위반하는 것을 비롯하여 당규률을 어긴 당원에게 당적 책임을 추궁하며 당규률 문제와 관련한 시, 군당위원회의 제의와 당원의 출당을 최종적으로 비준하며 당규률 문제와 관련한 당원의 신소를 심의하고 처리한다.

제5장 당의 시(구역), 당조직

36. 시(구역), 군당대표회는 당의 시(구역), 군조직의 최고지도기관이다. 시(구역), 군당대표회는 당중앙위원회의 지시에 따라 시(구역), 군당위원회가 소집한다.

37. 시(구역), 군당대표회의 사업은 다음과 같다.

1) 시(구역), 군당위원회와 시(구역), 군당검사위원회의 사업을 총화한다.

2) 시(구역), 군당위원회와 시(구역), 군당검사위원회를 선거한다.

3) 도(직할시)당대표회에 보낼 대표자를 선거한다.

38. 시(구역), 군당위원회는 당의 말단지도단위, 집행단위로서 다음과

같은 사업을 한다.

당의 유일사상체계와 유일적령도체계를 세우는 사업을 주선으로 틀어쥐고 당원들과 근로자들이 수령을 결사옹위하며 주체사상, 선군사상과 혁명전통으로 튼튼히 무장하고 당의 로선과 정책을 결사 관철하며 당과 혁명대오의 일심단결을 강화하고 수령의 유일적령도밑에 하나와 같이 움직이는 혁명적 규률을 세우도록 한다.

간부대렬을 튼튼히 꾸리고 일군들의 책임성과 역할을 높이며 당생활지도체계를 정연하게 세우고 당생활지도를 강화하며 당장성사업과 당원등록사업을 진행하고 군중과의 사업을 강화하여 그들을 당의 두리에 묶어세우며 기층당조직들을 튼튼히 꾸리고 그 전투적 기능과 역할을 높이기 위한 사업을 조직진행한다.

선전선동체계를 정연하게 세우고 당원들과 근로자들을 주체형의 혁명가로 키우기 위한 사상교양을 강화하며 사회주의강성대국건설을 위한 투쟁에서 대중의 정신력을 높이 발양시키며 부르죠아 사상문화의 침습을 막고 온갖 이색적인 사상요소들과 비사회주의적 현상을 비롯한 부정적인 현상들을 반대하여 투쟁한다.

행정경제사업에 대한 당적지도를 강화하여 해당단위의 모든 사업이 당의 정책적 요구에 맞게 진행되도록 하고 인민생활을 향상시키며 근로단체조직들을 튼튼히 꾸리고 그 기능과 역할을 높이도록 한다.

로농적위대와 붉은청년근위대대렬을 튼튼히 꾸리고 정치군사훈련을 강화하며 전투동원준비를 완성하고 인민군대를 적극 원호한다.

시(구역), 군당위원회의 재정을 관리한다.

상급당위원회에 자기의 사업정형을 정상적으로 보고한다.

39. 시(구역), 군당위원회는 전원회의를 석달에 한번이상 소집한다.

시(구역), 군당위원회 전원회의는 당의 로선과 정책을 관철하기 위한 대책을 토의결정하며 시(구역), 군당위원회 집행위원회와 책임비서, 비서들을 선거하고 비서처를 조직하며 시(구역), 군당위원회 군사위원회와 검열위원회를 선거한다.

40. 시(구역), 군당위원회 집행위원회, 비서처, 군사위원회, 검열위원회는 다음과 같은 사업을 한다.

1) 시(구역), 군당위원회 집행위원회는 전원회의와 전원회의 사이에 시(구역), 군당위원회의 이름으로 행정경제사업과 관련한 당정책 관철에서 나서는 중요한 문제들을 토의결정하고 그 집행을 위한 사업을 조직지도한다.

시(구역), 군당위원회 집행위원회는 한달에 두 번이상 한다.

2) 시(구역), 군당위원회 비서처는 간부사업을 비롯한 당내부 사업에서 나서는 문제들을 수시로 토의결정하고 조직집행한다.

3) 시(구역), 군당위원회 군사위원회는 당의 군사로선과 정책을 관철하기 위한 대책을 토의결정하고 그 집행을 위한 사업을 조직지도한다.

4) 시(구역), 군당위원회 검열위원회는 당의 유일사상체계와 유일적

령도체와 유일적령도체계에 어긋나는 행동을 하거나 당규약을 위반하는 것을 비롯하여 당규률을 어긴 당원에게 당적책임을 추궁하며 당규률 문제와 관련한 당세포의 결정을 토의비준하며 당규률 문제와 관련한 당원의 신소를 심의하고 처리한다.

제6장 당의 기층조직

41. 당의 기층조직에서는 초급당, 분초급당, 부문당, 당세포가 있다. 당의 말단기층조직은 당세포이다. 당세포는 당원들의 당생활의 거점이며 당과 대중을 이어주고 군중을 당의 두리에 묶어 세우는 기본단위이며 당원들과 근로자들을 조직동원하여 당의 로선과 정책을 관철하는 직접적 전투단위이다.

42. 당의 기층조직은 다음과 같이 조직한다.

1) 당원이 5명부터 30명까지 있는 단위에는 당세포를 조직한다. 당원이 5명 못되는 단위에는 따로 당세포를 조직하지 않고 그 단위의 당원들과 후보당원들을 가까이에 있는 당세포에 소속시키거나 사업의 성격과 린접관계를 고려하여 두 개이상 단위의 당원들을 합하여 당세포를 조직할 수 있다. 당원이 3명 못되는 단위에는 시(구역), 군당위원회가 추천하는 당원을 책임자로 하는 당소조를 조직할수 있다.

2) 당원이 31명 이상 있는 단위에는 초급당을 조직한다.

3) 초급당과 당세포 사이에 당원이 31명 이상 있는 생산 및 사업 단위에는 부문당을 조직한다.

4) 초급당, 부문당, 당세포의 조직형식만으로 기층당조직을 합리적으로 조직할수 없을 때에는 초급당과 부문당 사이의 생산 및 사업단위에 분초급당을 조직한다.

이상의 당조직형식들이 실정에 맞지 않을 때에는 당중앙위원회의 비준을 받아 다른 형식의 당조직을 내세울수 있다.

5) 다른 단위에 림시 이동하여 생활하는 당원들로 림시당조직을 조직한다.

43. 당총회(당대표회)는 당의 기층조직의 최고지도기관이다.

1) 당세포총회는 한달에 한번 이상 한다.

2) 초급당, 분초급당, 부문당 총회는 석달에 한번 이상한다. 당원과 후보당원이 500명이 넘거나 아래당조직이 멀리 널려져 있을 때에는 초급당총회(대표회)를 1년에 한번 이상 할수 있다.

44. 기층당조직에서는 1년에 한번씩 지도기관 사업을 총화하고 새로운 지도기관 을 선거한다.

1) 당세포에서는 총회에서 당세포사업을 총화하고 비서와 부비서를 선거한다. 시(구역), 군당위원회에 직속된 당세포에 당원이 20명이상 되면 당세포위원회를 선거하고 그 위원회에서 비서와 부비서들을 선거한다. 당세포위원회는 한달에 한번이상 한다.

2) 초급당, 분초급당, 부문당에서는 당총회(당대표회)에서 해당 당위원회사업을 총화하고 새로운 당위원회를 선거하며 그 위원회에

서 비서와 부비서들을 선거한다. 초급당, 분초급당위원회에서는 필요에 따라 집행위원회를 선거할수 있다. 초급당, 분초급당, 부문당위원회는 한달에 두번이상 하며 집행위원회가 조직된 초급당, 분초급당에서는 한달에 위원회는 한번이상, 집행위원회는 두번이상 한다.

45. 기층당조직의 임무는 다음과 같다.

1) 당원들과 근로자들속에 당의 유일사상체계와 유일적 령도체계를 튼튼히 세운다. 당원들과 근로자들이 투철한 혁명적수령관을 지니고 수령을 결사옹위하며 주체사상, 선군사상과 혁명전통으로 튼튼히 무장하고 당의 로선과 정책을 결사관철하며 당과 혁명대오의 일심단결을 강화하고 수령의 유일적령도밑에 하나과 같이 움직이는 혁명적규률을 세우도록 한다.

2) 당원들에 대한 당생활조직과 지도를 강화한다. 당원, 후보당원들을 당조직에 빠짐없이 소속시키고 당회의와 당생활총화, 당학습을 높은 정치사상적 수준에서 조직진행하며 당원들에게 당적분공을 정상적으로 주고 총화하며 당원들이 당규약상규범의 요구대로 사업하고 생활하며 혁명과업수행에서 선봉적역할을 하도록 한다.

3) 초급일군대렬을 튼튼히 꾸리며 검열되고 준비된 사람들을 당에 받아들인다. 초급일군들을 당과 수령에게 충실하고 실력이 있으며 사업작풍이 좋은 사람들로 선발배치하고 그들이 맡은일을 잘 하도록 지도하며 입당대상자들을 료해장악하고 체계적으

로 키우며 당원의 자격을 갖춘 사람들을 엄선하여 당에 받아들인다.

4) 당원들과 근로자들에 대한 사상교양사업을 힘있게 벌린다. 당원들과 근로자들 속에서 주체사상, 선군사상원리교양, 충실성교양, 당정책교양, 혁명전통교양, 계급교양, 집단주의교양, 사회주의애국주의교양, 혁명적 신념과 락관주의교양, 사회주의도덕교양을 비롯한 사상교양을 강화하여 부르죠아사상문화의 침습을 막고 비사회주의적현상을 비롯한 온갖 부정적인 현상들을 반대하여 견결히 투쟁하도록 한다.

5) 군중과의 사업을 실속있게 진행한다. 군중과의 사업체계를 정연하게 세우고 군중을 혁명적으로 교양 개조하며 민심을 틀어쥐고 군중의 요구와 의견을 제때에 풀어주며 군중을 당의 두리에 묶어세운다.

6) 행정경제사업에 대한 당적 지도를 강화한다. 당의 로선과 정책을 관철하기 위한 대책을 집체적으로 토의결정하고 그 집행을 위한 조직정치사업을 실속있게 진행하며 근로자들의 정신력을 높이 발양시키고 최첨단을 돌파하기 위한 투쟁을 힘있게 벌려 생산과 건설에서 끊임없는 혁신을 일으키며 생산문화, 생활문화를 확립하고 국가사회재산을 주인답게 관리하며 근로자들의 후방사업을 개선하도록 한다.

7) 근로단체사업에 대한 당적지도를 실속있게 진행한다. 근로단체 초급일군들을 잘 꾸리고 그들의 역할을 높이며 근로단체 조

직들의 사업정형을 료해하고 개선대책을 세우며 근로단체조직들에 사업방향을 정상적으로 주고 근로단체 조직들이 자립성과 창발성을 높여 본신 임무를 원만히 수행하도록 한다.

8) 민방위 사업을 강화하며 인민군대를 적극 원호한다. 로농적위대와 붉은청년근위대 대렬을 튼튼히 꾸리고 정치군사훈련을 강화하도록 하며 자기 단위의 전투동원 준비를 완성하며 원군기풍을 세우고 인민군대를 성심성의로 원호한다.

9) 3대혁명붉은기쟁취운동을 비롯한 대중운동을 힘있게 벌린다.

10) 상급당위원회에 자기의 사업정형을 정상적으로 보고한다.

제7장 조선인민군안의 당조직

46. 조선인민군은 위대한 수령 김일성동지께서 항일혁명투쟁의 불길속에서 몸소 창건하신 혁명적 무장력이다. 조선인민군은 당위위업, 주체혁명위업을 무장으로 옹호 보위하는 수령의 군대, 당의 선군혁명령도를 맨 앞장에서 받들어나가는 혁명의 핵심부대, 주력군이다. 조선인민군은 모든 정치활동을 당의 령도밑에 진행한다.

47. 조선인민군 각급 단위에는 당조직을 두며 그를 망라하는 조선인민군 당위원회를 조직한다. 조선인민군 당위원회는 당중앙위원회 지도밑에 사업한다.

48. 조선인민군안의 각급 당조직들은 다음과 같은 사업을 한다. 전군의 주체사상화를 군건설의 총적과업으로 틀어쥐고 그 실현을 위하여 투쟁한다. 당의 유일적령군체계와 혁명적 군풍을 확고히 세워 인민군대안에 당의 사상과 령도의 유일성을 철저히 보장하며 모든 당원들과 군인들을 당과 수령을 결사옹위하는 총폭탄으로, 조국과 인민을 위하여 한목숨 바쳐 싸우는 당의 참된 전사로 튼튼히 준비시킨다. 간부대렬과 당대렬을 튼튼히 꾸리며 당원들에 대한 당생활조직과 지도를 강화하여 그들의 당성을 끊임없이 단련한다. 당원들과 근로자들 속에서 사상교양사업을 강화하여 그들을 주체사상, 선군사상으로 튼튼히 무장한 사상과 신념의 강자로 키운다. 인민군안의 청년동맹조직들을 튼튼히 꾸리고 그 기능과 역할을 높이도록 한다. 당위원회의 집체적 지도를 강화하고 군사사업을 당적으로, 정치적으로, 군사기술적으로, 육체적으로 튼튼히 준비시킨다. 군인들속에서 혁명적 동지애와 관병일치, 군민일치의 전통적 미풍을 높이 발양시킨다.

49. 조선인민군 각급 단위에는 정치기관을 조직한다. 조선인민군 총정치국은 인민군 당위원회의 집행부서로서 당중앙위원회 부서와 같은 권능을 가지고 사업한다. 조선인민군 총정치국 아래 각급 정치부들은 해당 당위원회의 집행부로서 당정치사업을 조직집행한다.

50. 조선인민군 각급 부대들에는 정치위원을 둔다. 정치위원은 해당 부대에 파견된 당의 대표로서 당정치사업과 군사사업을 비롯

한 부대안의 전반사업에 대하여 당적으로, 정치적으로 책임지며 부대의 모든 사업이 당의 로선과 정책에 맞게 진행되도록 장악 지도한다.

51. 조선인민군안의 각급 당조직들과 정치기관들은 조선로동당규약과 조선인민군 당정치사업지도서에 따라 사업한다.

제8장 당과 인민정권

52. 인민정권은 위대한 수령 김일성동지께서 창건하신 인민대중 중심의 사회주의 정권이다. 인민정권은 사회주의위업, 주체혁명위업 수행의 강력한 정치적무기이며 당과 인민대중을 련결시키는 가장포괄적인 인전대이며 당의 로선과 정책의 집행자이다. 인민정권기관은 당의 령도밑에 활동한다.

53. 당은 인민정권기관안의 당의 유일사상체계와 유일적령도체계를 튼튼히 세우고 인민정권이 주체사상, 선군사상과 그 구현인 당의 로선과 정책을 철저히 관철하도록 정치적으로 지도한다.

54. 당은 인민정권이 인민대중의 자주적 권리와 리익의 대표자, 창조적 능력과 활동의 조직자, 인민생활을 책임진 호주로서의 사명을 훌륭히 수행하며 사회에 대한 통일적 지도기능과 인민민주주의 독재기능을 강화하여 사회주의 제도를 옹호 고수하고 공고발전시키며 사회주의 강성대국 건설을 다그치도록 지도한다.

55. 각급 당조직들은 인민정권기관 일군대렬을 튼튼히 꾸리고 일군들의 역할을 높이며 인민정권기관들이 본신 임무를 책임적으로 수행하도록 지도한다.

제9장 당과 근로단체

56. 근로단체들은 위대한 수령 김일성동지께서 조직하신 근로자들의 대중적 정치 조직이며 사상교양 단체이다. 근로단체들은 당의 외곽단체이고 당과 대중을 련결시키는 인전대이며 당의 믿음직한 방조자이다. 김일성사회주의청년동맹은 조선청년운동의 개척자이신 위대한 수령 김일성동지께서 몸소 무어주신 주체적인 청년조직이며 주체혁명 선군혁명의 대를 이어 나갈 당의 정치적 후비대이다. 근로단체들은 당의 령도밑에 활동한다.

57. 당은 근로단체조직들안에 당의 유일사상체계와 유일적령도 체계를 튼튼히 세워 근로단체들을 당에 충실한 정치조직으로 만들며 근로단체들이 당의 사상과 로선을 철저히 관철하도록 정치적으로 지도한다. 당은 근로단체들이 동맹원들 속에서 사상교양사업과 동맹조직 생활을 강화하고 대중운동을 힘있게 벌려 그들을 당의 두리에 튼튼히 묶어 세우며 사회주의강성대국 건설에 적극 조직동원하도록 지도한다. 당은 청년중시로선을 일관하게 틀어쥐고 김일성사회주의청년동맹이 당에 끝없이 충실한 청년전위

의 대오, 조국보위와 사회주의강성대국건설에 앞장서는 돌격대가 되도록 지도한다.

58. 각급 당조직들은 청년동맹을 비롯한 근로단체 일군대렬을 튼튼히 꾸리고 근로단체들의 특성에 맞게 사업방향을 정확히 주며 근로단체조직들이 본신 임무를 자립적으로, 창발적으로 수행하도록 지도한다.

제10장 당마크, 당기

59. 당마크는 마치와 낫, 붓이 한곳에서 교차되게 그려진 조선로동당의 상징적 표식이다. 당마크는 조선로동당이 수령을 중심으로 하여 조직사상적으로 굳게 뭉친 로동자, 농민, 인테리를 비롯한 근로인대중의 전위부대이며 인민대중 속에 깊이 뿌리박고 인민대중의 요구와 리익을 위하여 투쟁하는 혁명적이며 대중적인 당이라는 것을 상징한다.

60. 당기는 붉은색 기폭의 중심에 당마크가 새겨져 있는 조선로동당의 상징적 기발이다. 당기는 위대한 수령 김일성동지의 혁명사상을 지도사상으로 하고 백두의 혁명 전통을 순결하게 이어나가며 전체인민을 당과 수령의 두리에 굳게 묶어세워 주체혁명 위업을 끝까지 완성해 나가는 조선로동당의 혁명적이며 대중적인 성격과 불굴의 의지, 투쟁정신을 상징한다.

"평화를 원하거든 전쟁을 준비하라!
힘 있는 자만이 자신을 지킬 수 있고,
자신을 지키는 자만이 평화를 누릴 수 있다."

- 베게티우스 -